Wenn das Leben dir Zitronen gibt, mach Dressing draus

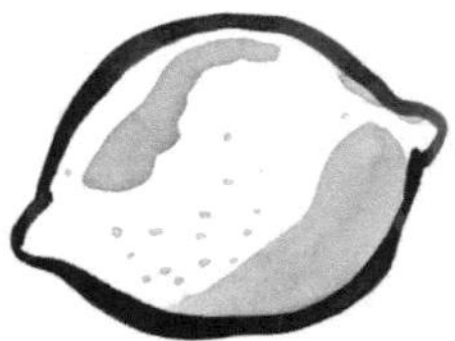

Gabriel Yoran

Kleine Genusskunde in zwölf Gängen

Krautreporter

Bibliografische Information der Deutschen Nationalbibliothek:
Die Deutsche Nationalbibliothek verzeichnet diese Publikation in der Deutschen Nationalbibliografie; detaillierte bibliografische Daten sind im Internet über dnb.dnb.de abrufbar.

Redaktion: Esther Göbel
Schlussredaktion und Produktion: Susan Mücke
Illustrationen: Christoph Rauscher
Umschlaggestaltung: Thomas Weyres und Christoph Rauscher
Mitarbeit: Jamil Yassine
Herstellung: BoD – Books on Demand, Norderstedt
ISBN: 978-3-9820958-8-2

Inhaltsverzeichnis

1. Gönn dir (dieses Buch)

Wir brauchen ein paar Dinge, die das Leben jetzt sofort schöner machen können. Denn wir dürfen, nein, wir müssen uns etwas gönnen. Dabei will ich dir mit diesem kleinen Buch über gutes Essen helfen

Wann hast du das letzte Mal etwas zum ersten Mal getan?

Ich weiß noch, wie ich zum ersten Mal einen Flødebolle gegessen habe, den dänischen Schaumkuss. Ich erwarte nichts Besonderes, denn ich kenne ja seinen deutschen Bruder. Ich beiße hinein und erlebe den perfekten Sturm: Zuerst mal ist der Schaum dichter, er ist nicht puff, sondern däng. Die Farbe ist anders und er schmeckt nach – Lakritze! Noch während ich diesen herben Schock verwinde, meldet sich ein süßes, kompaktes Gegenmittel: Der Boden ist keine einfache Waffel, die bestenfalls den Schaum hält, sondern versöhnliches Marzipan. Und zusammengehalten wird diese kleine Eskapade von hervorragender, knackiger, glänzender, etwas dickerer Schokolade als beim deutschen Schaumkuss. Sie muss etwas dicker sein, weil man sonst nicht würdigen könnte, wie gut sie ist. Mein erster Flødebolle ist für mich der Inbegriff von Genuss. Ich erinnere mich ganz genau daran.

Klimakrise, Pandemie, Krieg, Extremismus, Hassverbrechen, Inflation, Umweltkatastrophen, Energiepreise – in Anbetracht der sich vor uns auftürmenden Krisen können wir etwas Genuss nicht nur gebrauchen, wir sind auch empfänglicher für ihn.

Denn Genuss erzeugt einen kleinen, wertvollen Moment des Innehaltens. Er ist unmittelbar: Du musst nicht überlegen, ob du etwas genießt. Du weißt es und du weißt es sofort. Die Welt ist kompliziert, die Menschen sind schwierig, aber probiere eine belgische Nougatpraline, beiße in einen saftigen Burger mit karamellisierten Zwiebeln, lass dir den Saft eines ganz reifen, ganz saftigen Pfirsichs in der sengenden Mittagssonne durch die Finger rinnen oder bestelle endlich mal wieder ein Spaghettieis mit Erdbeersauce wie im Eiscafé Capri vor vierzig Jahren und alles andere ist kurz unwichtig.

Genießen aber gilt leicht als überflüssig, elitär, unsozial, verantwortungslos und bestimmt auch umweltschädlich. Mit einem globalen moralischen Horizont verbietet sich eigentlich der Genuss, denn er steht ja für das Überflüssige, das sinnlos Verfeinerte. Die Menschen leiden und du bist unzufrieden mit der Konsistenz des Milchschaums in deinem Cappuccino? Geht‘s noch? Über Leute mit verfeinertem Geschmack macht man sich lustig, sie gelten als Snobs und schwierig, sie werden auch nicht mehr nach Hause zum Essen eingeladen, weil man befürchtet, nicht das richtige Olivenöl parat zu haben. Oder nur das billige Salz.

Aber Gehabe ist nicht Genuss. Genuss ist ein inneres Phänomen. Nur du selbst kannst wissen, ob du etwas genossen hast. Aber wenn du mehr weißt, hast du mehr davon. Es beginnt damit, die Aufmerksamkeit bewusst auch auf die einfachsten Dinge zu richten: Wie genau schmeckt zum Beispiel ein Toffifee? Welche Oberflächen haben das Karamell, die Schokolade, die Haselnuss? Wie schmecken sie einzeln, warum sind sie zusammen so gut? Da kommt Hartes, Schmelzendes, Knackiges und Zähes zusammen. Und welche Rolle spielen Farbe, Verpackung, deine Erwartung? Wer Toffifee abfällig ein Industrieprodukt nennt, ist selber schuld: Die Erfahrung, wie es ist, ein Toffifee zu essen, hat eine ausführliche Beschreibung verdient. Immerhin tun Millionen Menschen das jeden Monat.

Dieses Buch versammelt meine Krautreporter-Kolumnen aus der Reihe »Gönn dir!«, die ich nach dem Ausbruch der Covid-19-Pandemie zu schreiben begonnen habe. Darin teile ich einige meiner Genuss-Episoden, weil ich so oft dachte: Das ist so gut! Warum kannte ich das noch nicht? Probiere das doch auch mal! Ich habe so viele Leute in fantastische Lokale geschleift, weil ich Angst hatte, dass diese Lokale pleite gehen (es ist leider sehr oft so gekommen, weil gute Küche noch kein gutes Restaurant macht). Vor allem aber hatte ich das Glück, dass mein Vater, ein leidenschaftlicher Esser, mich schon sehr früh in interessante Restaurants mitgenommen hat. Als Zehnjähriger wurde ich so mit gepfefferten Erdbeeren konfrontiert. Seitdem denke ich bei Erdbeeren immer: Die könnten etwas groben Pfeffer vertragen – das würde die ganze Sache so viel spannender machen! Aber selbst wäre ich nie darauf gekommen. Die Gewohnheit, Erdbeeren mit Sahne zu essen, ist einfach sehr stark. Als ich dann ein paar Jahre in den USA gelebt habe, merkte ich, wie viel von unseren Essgewohnheiten eben genau das sind: Gewohnheiten. Ich habe dort im Supermarkt abgepackte Sets aus Salzbrezeln und Hummus-Dip entdeckt. Und während wir ja beide Produkte kennen, tauchen sie hierzulande nie zusammen auf. Das Authentizitätsgebot ist stark in Deutschland: Salzbrezeln gibt es zum Bier, Hummus zum Falafel. Die Amerikaner:innen haben da eine unbeschwerte Experimentierfreude: Sie mixen alles zusammen, was die Leute aus ihren Heimatländern mitbringen, irgendwas davon wird schon funktionieren. Ich kann bestätigen: Salzbrezeln mit Hummus funktionieren.

Mein Freund Ulf schreibt für ein Gourmet-Magazin. Er kann mir sagen, was ich an einem Wein gut finde: »Du magst den, weil der so cremig ist.« Ich wäre nie auf die Idee gekommen, einen Wein »cremig« zu nennen, aber seine Beschreibung traf es perfekt. Natürlich ersetzt Ulfs Begriff nicht den eigenen Eindruck beim Trinken, aber erst jetzt weiß ich, dass ich »cremige« Weine mag. Ulf hat mir gezeigt, dass diese Weinsprache nicht nur Getue ist, sondern dass ich mehr genießen kann, wenn ich die richtigen Worte dafür habe. Das muss man lernen. Wir wachsen nicht damit auf. Wir müssen auch lernen, darüber zu reden. Ich kann zwar im Stillen genießen, aber zumindest mir geht es so, dass ich es (mit)teilen will, wenn ich etwas genossen habe. Gib deiner Empfindung einen Namen und sie wird bleiben. Und du kannst sie leichter teilen. Nicht nur auf Instagram.

Während das kühle Feierabendbier sozial erwünscht ist (solange es nur eins ist und nicht elf sind) und Millionen Menschen festgefügte Meinungen über Bier haben, ist es bei, sagen wir, Weinspezis schon ganz anders. Essen gehen mit Menschen, der Weine nach dem Probeschluck tatsächlich zurückgehen lässt. Anstrengend! Peinlich! Uff! Dabei will der doch auch nur genießen! Es ist also einerseits ein Klassending, aber eben nicht nur. Ich zum Beispiel habe eine starke Rübenmeinung! Ich habe Meinungen zu Teltower Rübchen und Pastinaken! Beides wirklich keine Luxusartikel. Aber sich damit zu befassen, ist nicht unbedingt mehrheitsfähig.

Zum Glück verschwimmt die Bier-Wein-Linie: Seit einigen Jahren wächst das Interesse an unbekannteren Biersorten.

Dass Bier nicht nur süffig oder herb schmecken kann, spricht sich langsam herum. Man probiert sogenannte India Pale Ales (IPAs), die nach Zitrone und Maracuja schmecken. Derweil bieten Discounter immer mehr Feinkost an. Alltagslebensmittel wandeln sich zu Delikatessen. Genuss heißt nicht länger nur Kaviar und Hummer (auch wenn ich euch später noch die *Lobster Roll*, das Hummerbrötchen von der US-Ostküste, vorstellen muss). Wir können selbst entscheiden, was wir genießen wollen. Ich nehme ein Butterbrot ernst, ich nehme ein Knoppers ernst, ich finde, auch Limos haben eine ernsthafte Auseinandersetzung verdient.

Und ja, Genuss lässt sich auch alleine mit einem Buch haben, bei einem Spaziergang mit einem Freund, beim Sex mit dem richtigen Partner, dem Blick über den Comer See. Diese Genüsse sind gute Genüsse. Aber es gibt einen Grund, warum in Marcel Prousts Jahrhundertroman »Auf der Suche nach der verlorenen Zeit« der Genuss einer in Tee getunkten Madeleine (einem muschelförmigen Kleingebäck) die Erinnerung des Ich-Erzählers triggert und damit den gesamten Roman. Es gibt einen Grund, warum sich der Großvater in dem alten Fernsehspot für Werthers Echte (die heute Werther's Original heißen) daran erinnert, wie er als Kind sein erstes Karamellbonbon bekam – in Goldpapier eingewickelt, überreicht wiederum von seinem Großvater. Die Unmittelbarkeit des Sinneseindrucks beim Essen und Trinken verschafft sich eine besondere Aufmerksamkeit. Sich ihr bewusst zuzuwenden, heißt, genießen lernen. Und dafür ist es höchste Zeit, denn wir brauchen ein paar Dinge, die das Leben jetzt sofort schöner machen können. Insbesondere in der Corona-Krise, am Vorabend eines absehbaren Winters des Missvergnügens. Wir müssen uns um uns selbst kümmern, damit wir uns um andere kümmern können. Genuss ist Selbstfürsorge. Wir dürfen, wir müssen uns etwas gönnen.

Dabei will dieses Buch mithelfen. Wir werden über englischen Strawberry Shortcake reden und darüber, was Lasagne mit Jesus zu tun hat; es wird um Kaffee gehen (natürlich!); wir werden über die Lücke zwischen Fast Food und Fine Dining sprechen und warum sie so spannend ist; wir spüren nach, warum Backen gegen Übellaunigkeit hilft, sprechen über vegane Speisen, an die sich professionelle Gourmets zuerst erinnern und welche drei Gemüse man auf eine einsame Insel mitnehmen würde. Es wird um tolle Gerichte gehen aus Zutaten, die du daheim hast, aber auch um den Sumpfeibisch (die Marshmallow-Pflanze!).

Die Vergangenheit kann uns täuschen und die Zukunft kennen wir nicht. Analysen und Interpretationen können falsch sein oder schlicht unmöglich. Aber die Möglichkeit des Genusses ist jetzt. Genuss ist so unmittelbar und echt und wahr wie Schmerz, aber er tut halt nicht weh. Es ist Zeit, dass wir über Genuss reden.

Wann hast du das letzte Mal etwas zum ersten Mal getan? Du musst ja nicht gleich auf die Suche nach Flødeboller gehen. Du könntest aber zum ersten Mal einen Haferbrei machen, der so gut schmeckt, dass du ihn Freunden vorsetzen kannst. Und du wirst ihn vermutlich eher Porridge nennen wollen, weil es nicht ganz so oll klingt.

Dieser Haferbrei ist auch ein kleines Lehrstück, denn in ihm kann man mit einfachen Zutaten und ohne Aufwand das erzeugen, was alle guten Gerichte ausmacht: Kontraste. Heiß und kalt, weich und hart, süß, salzig und sauer. In diesem Porridge-Rezept passiert das alles gleichzeitig. Man braucht ein paar Anläufe, um es richtig hinzukriegen (wie bei vielen Rezepten), denn der Brei soll relativ fest sein, nicht zu flüssig, nicht zu schleimig. Die Menge der Milch spielt eine Rolle und wie lange man den Brei abkühlen lässt. Vor allem aber hängt das Ergebnis von den Haferflocken ab. Wenn man feststellt, dass Haferflocken nicht gleich Haferflocken sind, bekommt man Respekt selbst vor den einfachsten Zutaten. (Die für »Haferschleim« gedachten Flocken sind für dieses Rezept ungeeignet. Man kann sich gegen übermäßige Schleimigkeit auch behelfen, indem man einen Teil des Hafers gegen Buchweizen austauscht.) Das Salz muss grob sein, damit es den Crunch hat, der dem Gericht sonst fehlt. Die Butter muss kalt sein, damit es einen schönen Kontrast zu dem heißen Brei gibt, auf dem sie beim Essen langsam schmelzen kann. Das Rezept braucht keinen Zucker, weil der Ahornsirup in den Brei einsickert. Der Zitronensaft verhindert, dass das ganze zu süß wird. Eine einfache, runde Sache. Das Rezept basiert auf dem Oatmeal des Cafés »The Shop« in Providence, Rhode Island (USA). Probiere diesen Haferbrei jetzt aus und *thank me later.*

Haferbrei

Für eine Portion: 70 Gramm Haferflocken mit 150 Milliliter kochender Vollmilch übergießen, 5 Minuten zugedeckt stehen lassen. Dann Zimt und etwas Zitronensaft einrühren, zum Schluss 20 Milliliter Ahornsirup, ein Stück kalte Butter und etwas grobes Salz draufgeben, fertig.

Du schließt die Augen oder du rollst die Augen, du schüttelst den Kopf, weil es so gut ist. Du wirst dich fragen: warum erst jetzt? Und du wirst etwas zum ersten Mal gemacht haben, nämlich einen richtig guten Haferbrei. Es ist nur Haferbrei, aber was für einer! Nicht schlecht für den Anfang, oder?

2. Genuss für alle: Wie wir schleichend zu Gourmets (gemacht) werden

Warum es in Discountern immer mehr Feinkost gibt, wozu uns die Lebensmittelindustrie erziehen will und was das mit der Dritten Kaffeewelle zu tun hat. Plus: Ein Rezept für den besten Käsetoast

Wer den Animationsfilm »Ratatouille« gesehen hat, kennt die Schlüsselszene, in der das titelgebende Gericht (gekocht von einer Ratte!) einem übellaunigen Restaurantkritiker das Herz erweicht. Es erinnert ihn an seine Kindheit auf dem Land, an seine Mutter. So in etwa muss man sich die suggestiven Gerichte im Margaux vorstellen, einem Berliner Feinschmeckerlokal mit Michelin-Stern, das es nicht mehr gibt. Der Besitzer und Chefkoch Michael Hoffmann war Überzeugungstäter. Vor etwa zehn Jahren wollte er neben einem traditionellen Menü mit feinem Fleisch und Hummer ein vegetarisches Menü anbieten. Zum gleichen Preis. Aus Prinzip. Es lief aber nicht. Kaum jemand will über 100 Euro für ein Gemüsemenü bezahlen. Hoffmann führte daraufhin ein Mittagsmenü ein, zu absoluten Spottpreisen für ein solches Restaurant: 15 Euro für den ersten, zehn Euro für jeden weiteren Gang. Damals konntest du also im Herzen Berlins drei Gänge einer der besten Küchen der Stadt, vielleicht des Landes, essen – für 35 Euro. So billig bekam man nirgends Sterne-Essen.

Ich habe Hoffmanns Harakiri-Mittagsmenüs mehr als einmal gegessen. Wie der provenzalische Gemüseeintopf aus dem Film hatten die stärkste Wirkung die Gerichte, die sich um irgendein

Gemüse, eine Knolle, ein Kraut oder einen Pilz gedreht haben. Zum Beispiel ein unscheinbares Mousse aus Pilzen und Bergpfirsich. Ich weiß leider nicht mehr, welche Pilze das waren, aber diese Speise hat etwas mit meinem Gehirn gemacht. Es hat mich an etwas erinnert, was ich noch gar nicht erlebt hatte. Oder wenigstens nicht bewusst. Ich hatte den Löffel noch im Mund und da lag es mir auf der Zunge, wortwörtlich, ich erinnerte mich, ich wusste nur nicht, woran. Es gibt Momente, da leistet die Spitzenküche Metaphysisches. Ihre besten Gerichte sind gleichzeitig Feiern des Erfindungsreichtums und Messen der Empfindsamkeit. Und natürlich sind solche Erlebnisse selten und das müssen sie auch sein. Die spektakuläre Wirkung stellt sich selbst in den besten Restaurants beileibe nicht immer ein. Aber wir haben begonnen, etwas aus dieser Küche, aus diesem Zugang, in den Alltag zu übernehmen. Und das aus zwei überraschenden Gründen.

1968 verlangte der US-Literaturwissenschaftler Leslie Fiedler in einem berühmten Aufsatz: »Cross the border, close the gap« (»überquert die Grenze, schließt die Lücke«). Fiedler wollte die Trennung zwischen Unterhaltungs- und Hochkultur einreißen, er wollte ein Ende der Hierarchisierung in der Kunst. Wir sind auf einem guten Weg, wenn auch an einer von Fiedler vermutlich nicht gemeinten Baustelle: der Gastronomie. Die spannendsten kulinarischen Entwicklungen finden nämlich in dem vormaligen Niemandsland zwischen Alltagsessen und Spitzenküche statt.

Margaux-Chef Hoffmann hat es schon 2013 im Berliner Stadtmagazin Zitty beschrieben: »Private Kochclubs und Salons, temporäre Pop-up-Restaurants oder der Street-Food-Market in der Markthalle Neun – alle haben eine hohe Qualität. Man muss also nicht mehr unbedingt ins Sterne-Restaurant gehen, um ein tolles kulinarisches Erlebnis zu haben.«

Die Markthalle Neun in Berlin-Kreuzberg ist der Apple Store unter den Wochenmärkten. Nicht Omas schlurfen auf der Suche nach Mirabellen durch die Gänge, es sind die beairmaxten zugezogenen Mittdreißiger, die hier ihr Agenturgehalt raushauen. Die Produkte kommen aus der Region, aber die Händler und Hersteller von überallher. Ja, hier wird noch selbst gebacken, aber der Bäcker heißt Alfredo Sironi und sein Brot ist aus Nudelteig. Am Barbecue-Stand schmurgelt Duroc-Bioschwein im Räucherofen, die Kundschaft bestellt auf Englisch. Und die Kreuzberger Markthalle ist nicht die einzige ihrer Art. Auch Streetfood-Märkte und Foodtrucks, bei denen man nicht mehr nur Currywurst kriegt, bezeugen das gestiegene Interesse an guter Küche – unter Umgehung klassischer Gourmetattribute wie Silberbesteck und Kristallgläsern. Und zu deutlich niedrigeren Preisen.

Wer all das als Hauptstadt-Hipsterscheiß abtut, übersieht womöglich, dass sich die gleiche Entwicklung auch in den Supermärkten vollzieht. Ende der Nullerjahre startete Rewe seine gehobene Produktreihe »Feine Welt«, die mittlerweile sogar Kaufland kopiert hat (»K-Exquisit«). Wie selbstverständlich gibt es bei Aldi Serranoschinken und Crème brûlée. Der Wettbewerb unter den Discountern wird mittlerweile eine Etage weiter oben geführt: Man will die Kundschaft gewinnen, die Neues ausprobieren möchte und gewillt ist, dafür mehr zu bezahlen. Ein Grund dafür sind die »Verfeinerungsstrategien«, mit der die Lebensmittelindustrie ihre Kund:innen erzieht.

Wie rechtfertigt eine Marke, dass ihr Produkt besser (und teurer) ist als ein anderes? Geschützte Herkunftsangaben wie Parmaschinken und Nürnberger Lebkuchen spielen hier eine wichtige Rolle. Oder es geht um ein aufwendigeres Herstellungsverfahren (mit Sauerteig!), eine umweltbewusstere Herstellungsweise, faireren Handel. Besonders hochwertige Produkte sind gar nicht im Supermarkt erhältlich, sodass speziell geschultes Personal die Herstellung des Produkts erläutern und auf die Besonderheit des Geschmacks hinweisen kann (man denke an Weinhandlungen oder kleine Kaffeeröstereien, dazu gleich mehr). Der Marketingprofessor Franz Liebl sagt, dass die auf diese Weise gegebene Orientierung nahtlos in Erziehung übergeht. Industrie und Handel erziehen sich ihre Kundschaft. Anstatt den Verbraucher:innen nach dem Maul zu reden, ist es für Liebl durchaus legitim, ihnen zu sagen, was für sie gut und richtig ist. Auch wenn sie das erstmal nicht verstehen. Auch wenn es polarisiert. Diese extreme Form der Orientierung reduziert die Komplexität, die heutige Verbraucher:innen fertigmacht. Andererseits schafft sie Exklusivität, sie ist kostenlose Nachhilfe in *Acquired Taste*, das heißt in erworbenem Geschmack. Irgendwann will man die billigen Sachen dann einfach nicht mehr, so die Hoffnung der Branche, und verschmäht womöglich gar den Supermarktkaffee, der meist ein Verschnitt verschiedener Sorten ist, zugunsten sortenreiner Kleinauflagen von namentlich bekannten Kaffeebauern. Anders gesagt: Wenn deine Eltern aus dir keinen Kaffeesnob gemacht haben, macht das jetzt eben die Industrie.

Überhaupt, Kaffee. An kaum einem anderen Alltagsprodukt lassen sich die Verfeinerungsstrategien der vergangenen Jahre besser ablesen. Kaum ein Viertel, in dem nicht zuletzt ein Café mit ernst dreinblickendem Barista aufgemacht hat. (Auch ein

Wort, das vor einigen Jahren noch erklärungsbedürftig war.) Wir befinden uns nämlich in der dritten Kaffeewelle. Die erste Welle war die Popularisierung von Kaffee im 19. Jahrhundert, die zweite bestand aus dem Boom von Espresso, Cappuccino (in den 1970er bis 1990er Jahren) und deren Süßspeisenvarianten à la Starbucks. Die amerikanische Kette hat mit Sahne, Sirups und Streuseln aus Kaffees trinkbare Desserts gemacht und damit ein Imperium aufgebaut. Die dritte Welle nun würdigt die Bohne mit der gleichen Ernsthaftigkeit wie die Weintraube: Es zählen Herkunft, Anbau, es wird verkostet und ein erstaunliches Gewese gemacht um die Filterung des Wassers, die korrekte Brühtemperatur (bei Filterkaffee 92 bis 96 Grad) bis hin zur richtigen Riffelung des Kaffeefilters. Ganz im Sinne der Erziehung ihrer Kundschaft werden in sogenannten Third-Wave-Coffeeshops gerne mal Laptops verboten, manchmal sogar Kinderwagen.

Kaffee lässt man einen ganzen Tag lang in mit Stickstoff gefüllten Fässern ziehen, damit er nicht oxidiert. Eine einfachere Version dieses Cold Brew kannst du auch selber machen. Das neue Kaffeeinteresse hat auch zur Renaissance von Omas Filterkaffee geführt, der von der Italophilie der zweiten Welle weggespült worden war. Der Kaffee der Zehnerjahre ist aber nicht mehr Jacobs (auch wenn man sich dort redlich um eine Aktualisierung der Marke bemüht). Es ist der vieler kleiner Röstereien, denn wie immer bei Verfeinerung geht es auch um Distinktion, um Abgrenzung: Ich kenne was, das du nicht kennst. Wie soll ich meine Kennerschaft belegen, wenn alle das Gleiche trinken? Und natürlich ist der Kaffee teurer, der nicht in riesigen Mengen abgenommen (und fairer bezahlt) wird. Eine dänische Rösterei der dritten Welle zahlt ihren Kaffeebauern das Vierfache des Marktpreises und druckt diesen Faktor, effektvoll Qualitätsbonus genannt, auf die Verpackung. Die Zurschaustellung eines besonders hohen Preises – ist das affig oder vielleicht sogar notwendig in dem sehr kaputten Kaffeemarkt? Fest steht: Wir reden darüber. Kaffee wurde zum High-Involvement-Produkt. Es ist nicht mehr egal, welchen man kauft. Und er ist nur ein besonders prägnantes Beispiel für die gesteigerte Aufmerksamkeit, die mehr und mehr Produktkategorien zuteilwird – auch Brot und Bier werden gewürdigt, wie es noch in den 1990ern völlig undenkbar gewesen wäre.

Aber was ist anders als vor dreißig Jahren? Warum fallen die Verfeinerungsstrategien von Alltagsprodukten heute auf so fruchtbaren Boden? Der Gastrokritiker Ulf Sundermann nennt mögliche wirtschaftliche Gründe: Die Generation der in den 1980ern Geborenen wird vielfach nicht die ökonomischen Erfolge ihrer Eltern feiern können. Es ist deutlich unwahrscheinlicher geworden, sich wie die Elterngeneration Haus und Auto kaufen zu können. Immobilienpreise haben sich von der Gehaltsentwicklung entkoppelt und Autos sind sowieso problematisch. Gutes Essen dagegen ist eine der günstigsten Formen der Lebenskunst (und der Repräsentation). Selbst wenn man 150 Euro für ein Abendessen bezahlt, ist das deutlich erschwinglicher als die Anschaffung eines Porsches (von einer Wohnung innerhalb des Berliner S-Bahn-Rings ganz zu schweigen).

Bereits in den 1990ern beschrieb der US-Wirtschaftswissenschaftler Jeremy Rifkin in seinem Buch »Access – Das Verschwinden des Eigentums«. Statt Besitztümern würden die kommenden Generationen Erlebnisse anhäufen. Sie würden sich Autos mieten, anstatt sie zu besitzen, sie würden mehr Geld in Reisen als in Wohneigentum stecken. Wir würden eine »Transformation vom industriellen zum kulturellen Kapitalismus« erleben. Und kulturelles Kapital kann man erwerben. Deine Lieblingslokale, deine Kennerschaft, dein Genuss, das ist Luxus jenseits des Besitzes. Er ist also oft auch Abgrenzung von dem, was die Eltern angestrebt haben (und Luxus ist immer auch Abgrenzung). Dass dieser Besitz prekär ist, weil er im Gegensatz zur Eigentumswohnung keine Rendite abwirft, weil man in einem Laib Morbier nicht wohnen kann, das ist aber eben auch wahr.

Ein Sternerestaurant zu betreiben, ist generell keine gute Idee, wenn man Geld verdienen muss. So teuer die Abende in der Spitzengastronomie sind, viele dieser Restaurants verlieren mit jedem servierten Teller Geld. Der Wareneinsatz ist enorm, der Verschnitt groß, die Zubereitung ist personalintensiv, der Service auch, und von den Mieten in den besten Lagen haben wir da noch gar nicht angefangen. Es ist praktisch unmöglich, mit dem Betrieb von Spitzenrestaurants in einer Großstadt Geld zu verdienen. Man betreibt sie, indem man ein Unternehmen findet, das die Verluste auffängt, meist sind das Hotels, die sich etwas Streulicht vom Heiligenschein der Sterneküche erhoffen. Oder man macht es gleich wie die Restaurantbesitzer in Frankreich, die sich neben einem Gourmetrestaurant noch ein paar Bistros halten, die das Geld verdienen (das dann in der Feinschmeckerküche wieder verjubelt wird). So oder so: In der Sterneküche geht es nicht ums Geldverdienen, es geht auch nicht ums Essen. Es geht um Kunst des Genießens, kleine Gerichte, die höchste Aufmerksamkeit erfordern (und verdienen). Es geht im besten Falle um nichts weniger als Bewusstseinserweiterung. Und ja, es geht auch um mit Pinzetten platzierte Blättchen oder mit Gold bestäubte Schokolade, aber wer diese Küche auf solche Mätzchen reduziert, tut ihr unrecht.

Das Margaux gibt es nicht mehr. Das Sterne-Mittagsmenü für 35 Euro war eine Verzweiflungstat, es war wirtschaftlicher Selbstmord, vielleicht aus Angst davor, von den Mietkosten umgebracht zu werden. Oder der Begriffsstutzigkeit der fleischfixierten Gäste, die noch nicht bereit waren für Michael Hoffmanns Gemüseküche. Im Frühjahr 2014 gab es den letzten Service, dann schloss das Margaux für immer. Heute existiert kein Sternerestaurant mehr in Berlin, in dem man für 35 Euro ein Drei-Gang-Mittagsmenü bekommt. Wir nähern uns preislich dem Doppelten an. Dafür bestellen die Gäste heute mehr Gemüse. Immerhin.

Käsetoast

Auch in diesem Rezept geht es wieder darum, etwas Einfaches ernst zu nehmen. Es gibt Käsetoast (oder wie man in Amerika sagt: Grilled Cheese) und es ist eigentlich gar kein richtiges Rezept, so einfach ist es. Du brauchst keinen Toaster und auch keinen Grill, nur eine Pfanne. Die Zutaten sind weißes Sauerteigbrot, Butter oder Mayonnaise, Cheddar oder Gouda (beides gibt es schon geraspelt im Supermarkt) – und Zeit. Sie ist vielleicht die wichtigste Zutat, denn man kann sie durch nichts ersetzen außer durch mehr Zeit.

Du schneidest zwei daumendicke Scheiben Brot ab und bestreichst eine Seite davon mit Butter oder Mayo. Du erhitzt die Pfanne auf etwas weniger als mittlerer Temperatur. Es kommt kein Fett in die Pfanne, aber nach ein paar Minuten legst du die Scheiben mit der bestrichenen Seite nach unten (!) hinein. Dann streuselst du den Käse auf die Scheiben. Wenn du denkst, jetzt reicht es aber mit dem Käse, nimmst du noch mehr Käse.

Wir wollen ein extrem knuspriges, goldbraunes Brot, deshalb braten wir es in Butter an. Wenn man das zu schnell macht, verbrennt die Butter und alles ist hin. (Wer vorsichtiger ist, nimmt Mayonnaise.) Wenn man es schön langsam macht, werden wir Zeuge, wie der Milchzucker in der Butter karamellisiert.

Wenn der Käse etwa zur Hälfte geschmolzen ist (das kann gut 5 Minuten dauern), legst du die beiden Scheiben aufeinander, den Käse in der Mitte, und presst sie fest zusammen, zum Beispiel indem du Alufolie auf das Brot legst und dann mit dem Boden eines Topfes fest draufdrückst. Wir wollen ein absolut formstabiles Ergebnis. Jetzt noch 1 oder 2 Minuten pro Seite weiterbraten. Wenn die Temperatur nicht zu hoch ist, wird das Brot langsam auf beiden Seiten goldbraun und knusprig sein. Brot aus der Pfanne nehmen und in der Mitte durchschneiden. Fertig. Diesen Grilled Cheese kann man variieren, indem man karamellisierte Zwiebeln einfügt oder gebratene Apfelscheiben. Man kann ihn hervorragend zu Tomatensuppe essen. Oder zu eingelegten Gürkchen. Oder einfach so.

Du salzt zu wenig – und zu spät

Ohne Salz geht gar nichts. Salz ist nicht nur das Salz in der Suppe, Salz ist die Suppe. Ein guter Tipp der Köchin und Autorin Samin Nosrat ist: Salze ein Gericht nicht erst am Ende, wenn das Salz keine Zeit mehr hat, seine Wirkung zu entfalten, sondern salze während jedes Schritts der Zubereitung. Salze sogar schon vor der Zubereitung. Fleisch zum Beispiel wird direkt nach dem Kauf gesalzen, weil es das Fleisch saftiger hält, und dann in den Kühlschrank gegeben. Erst frühestens eine Stunde später wird es gebraten. Ins Nudelwasser kommt viel mehr Salz, als du denkst, weil die Nudeln nur ein paar Minuten im Kontakt mit dem Wasser sind. Bei Eintöpfen oder Braten braucht man weniger Salz, weil diese Produkte dem Salz viel länger ausgesetzt sind. Wenn du irgendeine Nudelsauce machst, salze immerzu ein bisschen während des Köchelns, nicht erst am Ende. Ausnahme: große Salzflocken, die man wegen des Crunchs am Schluss auf die Speise gibt bei Cookies zum Beispiel oder dem Haferbrei-Rezept aus dem ersten Kapitel. Mehr Salz gibt es in Nosrats Netflix-Serie »Salz, Fett, Säure, Hitze« (oder ihrem Buch, auf dem die Serie basiert).

3. Niemandem sind Kekse egal

Backen hilft: Wer nach der Corona-Pandemie noch nicht damit angefangen hat, sollte es jetzt tun. Kaum eine andere Tätigkeit lenkt so gut ab, hebt die Laune und verschafft schnelle Erfolgserlebnisse

Nach sechs Jahren, im Sommer 2018, trennten wir uns. Mein Partner und ich saßen im 18. Stock eines Art-Deco-Hochhauses in der Innenstadt von Providence (Rhode Island, USA) bei der Scheidungsanwältin. Sie sagte: »Ich kann nur einen von Ihnen vertreten, aber da Sie ja nun beide da sind, nehme ich an, es ist *amicable*«, einvernehmlich. Das war es, wenn auch nicht freiwillig. Die Wahl Trumps hatte einen Strich durch meine Visumspläne gemacht und damit durch unser gemeinsames Leben. Das Programm, das mir Aufenthalt und Arbeit ermöglicht hätte, wurde noch vor Trumps Vereidigung eingestellt.

Nach dem Termin klärten wir, was das Auto noch wert war und wer das Bett bezahlt hatte. Wir gingen noch ein paar letzte Male essen. Wir wussten nicht mehr, worüber wir reden sollten, es war ja alles gesagt, aber beim Essen kann man gut gemeinsam schweigen, man hat ja eh den Mund voll. Zum Schluss gingen wir in das azurblaue Holzhaus des Café Pastiche und aßen Strawberry Shortcake. Mir ging die schlimme Songtextzeile »Lebenswege führen an Menschen nur vorbei« durch den Kopf. Dann verabschiedeten wir uns, und ich stieg ins Flugzeug zurück nach Berlin.

Der Strawberry Shortcake ist, wie so viele einfache, aber nicht zu verbessernde Backwaren, eine englische Erfindung. Diese Süßspeise hat in ihrer archaischen Lieblichkeit etwas Zeitloses. Es ist eine Art Küchlein aus etwas weicherem Mürbeteig (mit viel Natron), der mit mazerierten Erdbeeren und Erdbeersauce übergossen wird. Bei der Mazeration werden Früchte in Zucker eingelegt, was ihnen Flüssigkeit entzieht. Diese Flüssigkeit ist die Basis für die famose Sauce, die dann mit einem üppigen Gemisch aus Frischkäse, Butter und Puderzucker getoppt wird. Obendrauf kommt dann noch ein Küchlein. Dieser Stapel sieht traditionell weniger aus wie ein Kuchen, eher wie ein Auflauf, denn die Erdbeeren sind noch warm und ihr Saft tränkt den Teig und überall quillt die Buttercreme heraus – der Shortcake ist schlichte, formlose Wonne. Er ist wie wenn man vor Rührung weinen möchte, aber als Dessert.

Wenn der Herbst kommt und die Sonne nur noch kurz und orange aufscheint und man alleine daheim sitzt und die Entscheidungen des letzten Sommers bereut (obwohl man ja weiß, dass es besser so war), dann muss man sein Selbstmitleid in produktive Bahnen lenken: in Teig. Backen hilft.

Wer seine Arbeitszeit vor dem großen Bildschirm verbringt, um dann seine Freizeit vor dem kleinen Bildschirm zu verbringen, dem verschafft das Manschen mit Butter, Eiern und Mehl, das Kneten und Falten von Teig ein schönes haptisches Erlebnis. Es macht sofort Spaß, es ist eine Kindertätigkeit für Erwachsene.

Backen ist eine der Lieblingstätigkeiten der Deutschen und zudem eine erstaunlich gut erforschte. Der kreative Aspekt beim Backen, zum Beispiel das Entwickeln eigener Rezepte, hebt die Laune, hat eine neuseeländische Studie herausgefunden. Besser noch: Die so gehobene Laune befördert wiederum die Kreativität. Ich weiß nicht, wie das Gegenteil eines Teufelskreises heißt, aber genau so einen setzt man mit dem Backen in Gang.

Backen bedeutet überschaubare Arbeit mit absehbarem Ende und greifbarem Ergebnis. Das ist das Gegenteil von dem, was Arbeit für viele Online-Menschen bedeutet. Fürs Backen braucht es kein Brainstorming und keine Teammeetings. Die Kekse sind heute noch fertig, nicht erst übernächstes Quartal oder nie. Das Ergebnis der Arbeit lässt sich anfassen und auch deine Eltern verstehen es ohne gewundene Erklärungen. Alle lieben dich für deine Arbeit, niemandem sind Kekse egal. Man backt immer mehr Kekse, als man sinnvollerweise selber essen sollte, also hat man einen Anlass, andere Menschen zu treffen (was wiederum vielen gegen Übellaunigkeit hilft). Und wenn das aus viralen Gründen nicht geht, verschickt man die Kekse eben per Post. Niemand freut sich nicht über Kekse per Post.

Aber nicht nur das Ergebnis, schon der Prozess tut gut. Ein Rezept der Köchin und Kochbuchautorin Alison Roman ist ein gutes Beispiel. Vor ein paar Jahren wurde sie mit ihren besonders umständlichen gesalzenen Shortbread-Cookies mit Schokoladenstücken berühmt. Das Rezept entstammt ihrem Kochbuch »Dining in« und firmiert auf Twitter nur noch unter dem Hashtag #thecookies.

Diese Kekse zu backen, ist mühsam. Aber das gehört zum Erfolg des Rezepts bei Romans Zielgruppe: Großstadtmenschen, die gegen ihre Hibbeligkeit, ihre von den sozialen Medien zertrümmerte Aufmerksamkeitsspanne und ihren wackeligen Serotoninspiegel ankochen und -backen.

Backen ist eine Prozedur, und das muss es sein. Denn ein Erfolgserlebnis stellt sich nur dann ein, wenn man wenigstens ein kleines Hindernis überwunden hat. Der Teig ist störrisch, er muss zu Rollen verarbeitet werden, die dann ein paar Stunden im Kühlschrank zubringen, um dann mit Eigelb eingepinselt und in Demerara-Zucker gewälzt zu werden. (Diesen Rohrzucker mit hohem Melasseanteil muss man auch erstmal finden. Nebenbei kommen noch zwei weitere Zuckerarten zum Einsatz.)

Dann müssen die Teigrollen in Scheiben geschnitten werden. Und da Roman ihre nervöse Zielgruppe kennt, schreibt sie vorsorglich: »Wenn du auf ein Stück Schokolade triffst, säge mit einem scharfen Messer langsam vor und zurück durch die Schokolade.« Ja, du wirst auf Hindernisse stoßen. Gib nicht auf! Der Lohn der Mühe sind sehr befriedigende, wegen des Melasseanteils im Demerara-Zucker extrem nostalgisch schmeckende Kekse. Auch das ist ein Geheimnis dieses Rezepts, seiner suggestiven Kraft, seiner tröstenden Wirkung. Erinnert ihr euch an Omas blaue Blechdose mit den dänischen Keksen? Die Shortbread-Cookies sind ein bisschen so, als wäre Oma wieder da.

Die Köchin Christina Tosi hat aus einer dieser Kindheitserinnerungen ein ganzes Imperium gebaut: Nämlich aus dem Geschmack der Milch, die übrig bleibt, wenn man die Frosties weggelöffelt hat. Sie röstet süße Frühstücksflocken im Backofen, weicht sie in Milch ein und siebt nach einer halben Stunde die Flocken heraus. Die so hergestellte Cerealien-Milch bildet die Basis von Eiscreme, Kuchen und Pannacotta – und die

Kundschaft kriegt nicht genug davon. Ihr Dessertrestaurant »Milk Bar« hat mittlerweile 16 Filialen in den USA. Und der schiere Anblick von Tosis Geburtstagskuchen aus Teigschichten voller bunter Zuckerstreusel und Buttercreme macht gute Laune.

Tipp: Setze dich mit einer Torte in die U-Bahn und die Leute werden dich anlächeln, selbst in Berlin. Na gut, sie lächeln nicht dich an, sondern die Torte. Aber immerhin.

Wer eine Torte hat, kann kein schlechter Mensch sein. Und wer eine backt, erst recht nicht. Den Beleg erbringt die BBC-Backshow »The Great British Bake Off« seit vielen Jahren. Eine Reihe Hobby-Bäcker:innen tritt über Wochen in vielen Disziplinen gegeneinander an: Sie backen einfache Brote, schwierige Torten, schwere Pasteten und leichtes Gebäck, derweil wir Vignetten aus ihren Leben gezeigt bekommen. Schicksalsschläge, Krankheiten, Diskriminierung, alles ist da, und mit der Zeit wachsen einem die Kandidat:innen ans Herz. Vor allem, weil es in der Show nie gemein zugeht, niemand wird vorgeführt oder verächtlich gemacht. Auch wenn natürlich enormer Erfolgsdruck herrscht, schließlich sahen in der letzten Staffel im Schnitt über zehn Millionen Briten zu. Das ist wie »Tatort«, nur halt in nett.

Wie nett, erzählte Moderatorin Sue Perkins dem Guardian. Wenn die Bäcker:innen aus Frust oder Enttäuschung in Tränen ausbrechen, kommt sie oder ihre Co-Moderatorin Mel Giedroyc ins Bild und gibt Obszönitäten von sich – damit es die Szene nicht in die Sendefassung schafft. Wie *wholesome* ist das bitte?

Und darum geht es ja beim Backen: sich und anderen gute Laune zu machen oder sogar Trost zu spenden. Trauernden Menschen etwas zu essen zu bringen, ist ein uralter Brauch. Dies gilt vor allem für Hinterbliebene, die in vielen Kulturen mit Essensgeschenken bedacht werden, wie die Psychologieprofessorin Susan Whitbourne erzählt. Wenn man zum Beispiel in einer Mormonengemeinde zu einer Trauerfeier kommt, bringt man »Beerdigungskartoffeln« mit (ein mit Cornflakes überbackener Kartoffelauflauf, kein Witz).

Der irischen Autorin Marian Keyes gelang 2012 mit ihrem Buch »Saved by Cake« (deutscher Titel: »Glück ist backbar«) ein Bestseller. Darin beschreibt Keyes, die jahrelang an schweren Depressionen litt, die segensreiche Wirkung des Backens. Eine Depression ist eine ernste Krankheit, die sich nicht einfach wegbacken lässt. Im Rahmen einer Verhaltenstherapie kann Backen aber tatsächlich helfen, weil es die Aufmerksamkeit auf eine konkrete Aufgabe richtet. Man muss ein Rezept penibel befolgen, falsche Mengen lassen sich im Nachhinein nicht mehr korrigieren. Backen verlangt mehr Konzentration als Kochen, erklärt auch Valerie van Galder, die mit Backevents Geld für Einrichtungen für psychisch Kranke sammelt.

Es muss aber nicht gleich um Erkrankungen gehen. Die Ernährungstherapeutin Julie Ohana sagt, dass gerade unter Pandemiebedingungen die Konzentration auf eine konkrete und machbare Aufgabe auch auf gesunde Menschen stressabbauend wirkt. Backen vermittelt ein Gefühl von Kontrolle in einem Leben, das wir nicht unter Kontrolle haben. Man muss keine großen Entscheidungen fällen. Was zu tun ist, steht im Rezept. Der Teig darf nicht zu flüssig sein oder nicht zu trocken, die Butter nicht zu kalt oder nicht zu warm, die Sahne gerade steif genug geschlagen, aber nicht zu steif. All dies richtet die Aufmerksamkeit auf das Hier und Jetzt, es ist schlicht keine Zeit, sich eine Grube zu grübeln. Backen ist eine Tätigkeit, die im besten Sinne ablenkt, es fordert vom Ungeübten volle Aufmerksamkeit, für die Erfahrene hingegen ist es die reine Meditation. Beides hilft. Und wenn mit etwas Übung die Ergebnisse immer besser werden, hilft auch das. Laut einer Studie der Uni Konstanz empfinden viele Menschen es als stressabbauend, in einer Sache Meisterschaft zu entwickeln, neben dem Gefühl, wieder etwas Kontrolle über eine Situation zu haben.

An Heiligabend 2018 buk ich erstmals *The Cookies* von Alison Roman. Es war mein erstes Weihnachten als Single seit Jahren und ich wusste noch nichts von all den heilsamen Wirkungen des Backens. Ich machte mich auf die Suche nach den drei verschiedenen Zuckersorten, informierte mich über Schokolade, die beim Backen nicht in lappigen Schlonz zerrinnt, und beschaffte das Salz mit dem richtigen Flockigkeitsgrad. Ich dachte nicht mehr an die Entscheidung vom letzten Sommer. Ich knetete den Teig. Ich rollte ihn und sägte die Rollen in Scheiben. Ich dachte nicht mehr an den Termin bei der Scheidungsanwältin. Ich ließ mich von den Schokoladenstücken beim Sägen nicht beirren und bewegte das Messer langsam vor und zurück. Ich dachte nicht mehr an den Sadisten im Weißen Haus, der meine Ehe zerstört hat. Ich dachte an unsere sechs Jahre zusammen und unseren letzten gemeinsamen Strawberry Shortcake, den wir stumm verspeisten, weil man manchmal einfach nichts mehr sagen muss.

Meine Kekse wurden nicht perfekt, aber ganz gut. Bis zur Meisterschaft dauert es eben noch ein bisschen. (Nächstes Mal nehme ich richtige Butter, nicht diesen Mix mit Rapsöl.) Ich stapelte die Kekse vorsichtig in eine Plastikdose, packte sie zu den anderen Geschenken und fuhr zum Heiligabend bei meinen Eltern.

Pfitzauf

Wer den Aufwand für die Cookies von Alison Roman scheut, aber trotzdem etwas Spektakuläres backen möchte, dem sei das folgende uralte Rezept ans Herz gelegt. Wir machen Pfitzauf, Yorkshire Pudding oder *Popovers*. Das ist alles das Gleiche: im Backofen frittierte Mini-Pfannkuchen oder einfache Soufflés. Es klingt kompliziert, aber ist es nicht. Diese aufgeblähten, goldenen, knusprigen, fluffigen Backwaren isst man in Schwaben mit Kompott oder Puderzucker. (»Ausgezogene« oder Langos sind etwas anderes, weil aus Hefeteig.) In England heißt das gleiche Backwerk Yorkshire Pudding, wird dort aber traditionell herzhaft verwendet, zum Beispiel als Beilage zu Roastbeef. (Das Wort Pudding hat in Großbritannien übrigens keine brauchbare Funktion mehr, es bezeichnet tausend verschiedene Speisen, süße, herzhafte, welche, die man wie Wurst herstellt oder die aus Teig sind oder auch nicht oder aber Aufläufe oder mit Ei verdickte Speisen, aber nicht immer, man könnte verzweifeln, wenn es nicht so albern wäre.) Und in Amerika, wo alle Küchen parallel existieren, werden Popovers, wie sie dort heißen, einfach süß *und* herzhaft gegessen. Warum denn auch nicht.

Du brauchst für 12 Pfitzauf (genug für 4 Personen als Beilage oder 2 als Hauptspeise):

* ein Muffinbackblech (ein Blech mit 12 Mulden) oder 12 kleine Auflaufformen
* 2 große Eier
* 160 Milliliter Vollmilch
* 115 Gramm Mehl Typ 405 (das normale für Brot)
* 60 Milliliter Fett (Schweineschmalz, Rapsöl oder Olivenöl; Butter könnte verbrennen)
* ½ Teelöffel feines Salz

Zubereitung:

1. Eier, Milch und Mehl in einer Schüssel mit einem Schneebesen oder einfach einer Gabel vermischen. Nicht übertreiben. (Der Teig kann variiert werden: mit einem Teelöffel frischem Thymian und etwas geraspeltem Käse für eine herzhafte Variante oder mit einem Teelöffel Zucker für eine süße.)
2. Die Schüssel eine halbe Stunde in den Kühlschrank stellen.
3. Den Ofen auf 200 Grad vorheizen.
4. Wenn du Schmalz verwendest, gib es in eine Schüssel und schmelze es in der Mikrowelle oder in einer Pfanne (bei Ölen entfällt dieser Schritt).
5. Wenn der Ofen 200 Grad warm ist, das Muffinbackblech 6 Minuten im Backofen erhitzen.

6. Muffinbackblech entnehmen und in jede Mulde etwa einen Teelöffel Fett geben, so dass die Böden der Mulden gut bedeckt sind. Vorsicht, das Blech ist sehr heiß. Das Blech zurück in den Ofen stellen.
7. Nach weiteren 6 Minuten das Blech entnehmen und den Teig gleichmäßig auf die 12 Mulden verteilen.
8. Das Blech zurück in den Ofen stellen und das Spektakel genießen: Durch die Temperaturdifferenz zwischen dem kalten Teig und dem heißen Öl geht der Teig in wenigen Minuten auf und es formen sich dramatische Halbkugeln (die dann aber schnell wieder zusammenfallen). Den Ofen während dieses Vorgangs nicht öffnen. (Das Öffnen ist der Hauptgrund, warum Speisen im Ofen länger brauchen als erwartet.)
9. Wenn die Pfitzauf goldfarben und knusprig aussehen, nach 10 bis 12 Minuten, das Blech vorsichtig entnehmen und sie aus den Mulden hebeln, das überschüssige Fett in den Mulden belassen. Dann sofort servieren, entweder süß oder herzhaft befüllt oder einfach mit Puderzucker bestäubt.

Alles, was du über Marshmallows weißt, ist falsch

Als ich einmal in einem amerikanischen Supermarkt einen Erkältungstee mit dem schönen Namen »Throat Coat« (übersetzt etwa: Halsmantel) gekauft habe, war ich relativ verdattert, als sich unter den all natural Zutaten die Marshmallow-Pflanze fand. Was hat denn der Schaumzuckerfluff, der hierzulande auch unter »Mäusespeck« firmiert, im Tee verloren? Als guter Europäer war ich sowas von bereit, die Amerikaner für ihren ungesunden und natürlich völlig kulturlosen Essensquatsch zu verspotten (Venti Frappuccino Macchiato mit Karamellsirup! Toffee-Muffins mit Bacon! Waffeln mit Fried Chicken! High Fructose Corn Syrup!).

Marshmallows im Tee? Wir sind alle verloren! Tatsächlich ist alles daran Unsinn. Wir sind gar nicht verloren. Und Marshmallow heißt auf Deutsch schlicht Sumpfmalve oder Echter Eibisch. Es ist tatsächlich eine Pflanze. Ihre Wurzel enthält Polymere, die viel Wasser aufnehmen können und dabei ein Gel produzieren. Diese Eigenschaft macht man sich bei der traditionellen Herstellung von Marshmallows zunutze, indem Extrakte aus der Wurzel mit Eischnee und Zucker zu einer schaumigen Masse verquirlt werden. Kurz gesagt: Die Sumpfmalve macht den Fluff! Und als ob das nicht schon verstörend genug wäre, kommt diese Süßspeise nicht aus Amerika, sondern aus dem Land am anderen Ende der kulinarischen Vorurteilsachse, Frankreich. Sollen die unzivilisierten Amis doch ihren Zuckerschaum am Lagerfeuer verkokeln, als Pâte de Guimauve klingt der Eibischteig gleich wie eine Delikatesse. Und im Erkältungstee landete die Wurzel, weil ihre hustenreizlindernde Wirkung seit Jahrtausenden überliefert ist. In Hustensaft findet man sie auch in Deutschland.

4. Ich hab nix da, was soll ich kochen?

Zehn sehr gute Rezepte mit Zutaten, die du wahrscheinlich daheim hast. Denn selbst im Notfall muss niemand Nudeln mit Ketchup essen

Wenn ich all die famosen Gerichte auf Instagram sehe, in hochglänzenden Kochbüchern oder Fernsehproduktionen wie »Chef's Table«, kommt mir oft der Gedanke: Oh, das will ich essen! Seltener denke ich: Oh, das will ich kochen! Zu viel Arbeit, die Hälfte der Zutaten fehlt. Aber selbst wenn ich sie da hätte: Wer weiß, ob diese komplizierten Rezepte überhaupt gelingen? Dann schaue ich in meinen Kühlschrank, gehe mit Hunger im Magen die Konserven durch, die ich noch da habe, und denke: Oh ja, da könnte man ja eigentlich was draus machen!

Genau darum soll es in diesem Kapitel gehen. Du hast keine Lust oder Zeit einzukaufen? Und willst die Lieferando-Fahrer:innen nicht durch die Stadt jagen? Gut, dann schauen wir doch mal, was du noch zuhause in deinem Schrank hast – und was du damit kochen kannst.

Hier sind zehn Rezepte mit Zutaten, die du wahrscheinlich da hast (und wenn nicht: Die meisten von ihnen sind sehr lange haltbar, setze sie doch einfach für deinen nächsten Einkauf auf die Liste). Alle Mengenangaben sind übrigens für eine Person berechnet (es sei denn, es steht etwas anderes dabei) und lassen sich problemlos verdoppeln.

1. Ich habe noch ein Ei

Du machst Rührei, aber richtig. Schmelze einen Esslöffel Butter in der Mikrowelle und vermische sie mit einem oder zwei Eiern in einer Schüssel oder einer Tasse. Gib etwas Salz und Pfeffer aus der Mühle zu der Mischung hinzu. Wenn du Tabasco hast, füge einen Spritzer hinzu (es schmeckt aber auch ohne). Erhitze eine Pfanne (ohne Fett!) auf die höchstmögliche Temperatur. Teste mit einem Wassertropfen, ob die Pfanne maximal heiß ist. Das Wasser muss sofort komplett verpuffen. Wenn das der Fall ist, kippst du die leere Pfanne um 30 Grad an, gießt eine kleine Menge der Ei-Butter-Mischung an den höchstmöglichen Punkt der Pfanne und lässt das noch flüssige Ei-Gemisch herunterlaufen. Es wird sofort fest.

Schabe die dünne Schicht, ohne zu warten, mit einem Pfannenwender an den tiefsten Punkt der Pfanne. Es bildet sich eine gefaltete Struktur. Wiederhole den Vorgang und zwar so lange, bis die gesamte Ei-Butter-Mischung einmal über den heißen Pfannenboden gelaufen ist.

All dies muss sehr schnell gehen, weil das Rührei sonst trocken wird. Hebe es auf den Teller, sobald es fertig ist. Warte nicht, bis es trocken und traurig wird. Wenn du alles richtig gemacht hast, ist das Ergebnis glänzend, feucht und saftig. Da sehr wenig Ei auf sehr viel sehr heiße Oberfläche trifft, musst du dir auch keine Sorgen machen wegen Salmonellen und dergleichen. Dieses Rührei ist safe.

2. *Ich habe noch Mehl und Zucker*

Du machst *Pannukakku* oder *Dutch Baby*, einen luftigen, spektakulären Backofen-Pfannkuchen. Es ist unklar, ob es in Finnland, den Niederlanden oder ganz woanders war, als erstmals zwei Eier und je eine Tasse Mehl und Milch mit etwas Muskatnuss vorsichtig zu Teig verrührt (ein paar Klümpchen sind egal), zu geschmolzener Butter in die Pfanne gegeben und dann in den vorgeheizten Backofen (15 bis 18 Minuten bei 230 Grad) gestellt wurden. Es ist aber auch egal, wichtig ist das Ergebnis: Aus dem Backofen kommt ein – ganz ähnlich dem in Kapitel 3 vorgestellten Yorkshire Pudding – dramatisch aufgehender (und dann wieder in sich zusammenfallender) Pfannkuchen, den du mit Früchten, Marmelade und Puderzucker essen kannst (und immer wieder essen werden willst). Obacht: Deine Pfanne muss einen hitzebeständigen Griff haben. Gußeiserne Pfannen sind für solche Zwecke perfekt. (Dieses Rezept ist ausreichend für zwei Personen.)

3. *Ich habe noch altes Weißbrot und zwei Eier*

Du machst Arme Ritter oder French Toast. Dazu lässt du einen Esslöffel Butter in einer Pfanne auf niedriger Hitze sehr langsam schmelzen. Währenddessen verquirlst du ein Ei, ein weiteres Eigelb, 230 Milliliter Vollmilch, Vanille (wenn du hast) und eine Prise Salz, bis die Mischung schaumig ist. Dann nimmst du dein Brot, schneidest es in dicke Scheiben (drei bis fünf Zentimeter). Wenn die Butter geschmolzen ist, drehe die Hitze fast ganz auf und höre dir die Butter in der Pfanne an – wenn sie Geräusche macht, tunkst du das Brot ein paar Sekunden pro Seite in deine

Ei-Milch-Mischung (das Brot tränken, aber nicht einweichen!) und gibst die abgetropften Scheiben in die heiße Pfanne. Etwas Zimt (wenn vorhanden) und Zucker auf jede Scheibe zum Verfeinern, dann pro Seite 2 Minuten anbraten oder auf einer Seite bis diese goldbraun ist.

Beim Wenden noch etwas Butter in die Pfanne geben und wieder die Oberseite mit Zimt (wenn vorhanden) und Zucker bestreuen. Um herauszufinden, ob die French Toasts fertig sind, drücke sie in der Mitte etwas ein – die Delle sollte langsam von selbst verschwinden. Wenn sie bleibt, ist der Toast noch nicht durch. French Toasts kann man gut mit Ahornsirup oder Beeren essen (wenn einem rechtzeitig einfällt, dass man noch eine Tüte TK-Blaubeeren im Tiefkühlfach hat).

4. Ich habe noch Nudeln und Parmesan

Du machst Nudeln mit brauner Butter. Für eine Portion kochst du 120 Gramm Nudeln (20 Milliliter Nudelwasser zurückhalten). Parallel zwei Esslöffel Butter bei niedriger bis mittlerer Temperatur in einer Pfanne zerlassen, bis sie gerade braun wird, dann sofort von der Herdplatte nehmen. Die Butter muss aber braun werden, weil nur dann ihre Eiweißbestandteile geröstet sind, die dem Gericht den gewünschten nussigen Geschmack geben. Dann die Nudeln etwas abgetropft in die Pfanne geben, 60 Gramm geriebenen Parmesan unterheben, vorsichtig Nudelwasser dazu, bis die Nudeln glänzen, aber nicht wässrig sind. Pfeffern, fertig.

5. Ich habe noch Nudeln und Knoblauch

Du machst Pasta aglio e olio, also mit Knoblauch und Öl. 120 Gramm Nudeln, idealerweise Spaghetti oder Spaghettini, in gut gesalzenem Wasser kochen, bis sie 1 Minute vor al dente sind. Sie dürfen nicht fertiggekocht werden. Halte eine Tasse Nudelwasser vor dem Abgießen zurück. Schneide eine Knoblauchzehe in dünne Scheiben. Gib sie zusammen mit 75 Milliliter Olivenöl in eine Pfanne (wenn du Chiliflocken hast, gib einen viertel Teelöffel dazu). Schalte erst dann die Kochstelle ein, auf etwas mehr als mittlere Hitze. So wird verhindert, dass der Knoblauch zu schnell schwarz wird. 2 Minuten nachdem das Öl heiß ist, sollte der Knoblauch etwa durchsichtig sein. Nimm dann die Pfanne von der Kochstelle.

Gib die abgegossenen Nudeln mit einem Viertel (!) des zurückgehaltenen Nudelwassers zu dem Öl in die Pfanne. Stelle die Pfanne wieder auf die Kochstelle, auf der fast höchsten Stufe. Koche die Nudeln in der Pfanne zu Ende, vermutlich musst du nach einer Weile ein weiteres Viertel des zurückgehaltenen Wassers dazugeben. Probiere jede Minute, ob die Nudeln durch sind. Idealerweise sind die Nudeln dann durch, wenn das Wasser komplett verdunstet ist. Mit etwas Salz, Pfeffer und Parmesan (wenn vorrätig) bekommst du so ein super Essen bei einer sehr übersichtlichen Zutatenliste.

6. Ich habe noch Dosenthunfisch und Senf

Du machst Thunfischrillettes mit Senf. Rillettes sind ein Brotaufstrich aus gehacktem und konserviertem Fleisch (und ziemlich viel eigenem Fett), der meist aus Schweine- oder Entenfleisch gemacht wird. Diese Variante hier basiert auf einem Rezept des französischen Kochs Eric Ripert. Du stellst eine Mischung her aus dem Inhalt einer abgetropften Dose Thunfisch im eigenen Saft, nicht in Öl (aber im Notfall egal), ein Teelöffel klein gehackter Zwiebeln (rot, wenn möglich, im Notfall egal), ein Teelöffel Senf (Dijon, wenn möglich, im Notfall nicht so ganz egal), ein bis zwei Esslöffel Olivenöl und etwas Salz und Pfeffer. Optional: Wenn du noch Kapern findest, wirf ein paar rein. Ist Knoblauch im Haus, hacke eine halbe Zehe klein und rein damit.

Etwas kleingehackte glatte Petersilie wäre auch nett, aber wenn du schon sonst nichts mehr im Haus hast, dann vermutlich auch keine glatte Petersilie. Nicht schlimm. Die Mischung streichst du auf irgendein Brot, es funktioniert mit fast allen Sorten, die nicht zu süß sind. Cracker gehen auch als Unterlage oder Maiswaffeln, falls du eine kalorienärmere Variante suchst.

7. Ich habe noch Haferflocken

Du machst Hafercrunch. Dieses Rezept habe ich von einem lieben Menschen in Wien, der es mir einmal durchs Telefon diktiert hat. Das Rezept ist so haarsträubend einfach, dass man sich ärgert, es nicht schon hundertmal gemacht zu haben. Du erhitzt ein bis zwei Esslöffel Butter in einer Pfanne auf fast höchster

Temperatur. Wenn die Butter geschmolzen ist, gibst du Haferflocken in die Pfanne, so dass der Boden bedeckt ist, aber nicht mehr als das. Die Flocken saugen sich sofort mit der Butter voll, das ist okay. Nach einer halben Minute gibst du etwa einen Teelöffel Zucker (braunen, wenn du hast) dazu, halbwegs fair verteilt über die Haferflocken.

Jetzt kommt ein bisschen Chaostheorie ins Spiel: Mit einem Pfannenwender schiebst du Zucker und Haferflocken durch die Pfanne, damit sie nicht festkleben. Nach einer Weile bilden sich unförmige feste, knusprige Stücke, weil der Zucker karamellisiert ist und die Flocken zusammenklebt. Wenn das nicht passiert, füge einen weiteren Teelöffel (braunen) Zucker hinzu. Das alles muss passieren, bevor die Flocken verbrennen. Nach spätestens zwei Versuchen hat man es aber raus.

Den fertigen Crunch abkühlen lassen und dann einfach wie Kekse essen oder in ein Joghurt geben, zusammen mit Ahornsirup oder Honig. Es ist ein großer Spaß und man will sofort noch eine Pfanne davon machen.

8. Ich habe noch Kichererbsen im Glas

Okay, das ist kein vollständiges Gericht, du musst es also entweder selbst ergänzen oder es als Snack betrachten. Du machst gebratene Kichererbsen, wie der Essenskolumnist Mark Bittman sie in der New York Times beschreibt (es ist sehr einfach). Kichererbsen sehr gut abtrocknen. Dann erhitzt du drei Esslöffel Olivenöl in einer Pfanne bei hoher Temperatur. Wenn das Öl heiß ist, so viele Kichererbsen in die Pfanne geben, bis sie den

Boden bedecken, aber nicht mehr als das. Salzen, pfeffern, die Temperatur auf niedrig bis mittel stellen und dann eine Viertelstunde bis 20 Minuten braten, dabei ab und zu an der Pfanne rütteln. Fertig. Das Ergebnis ist knusprig und sehr befriedigend und man kann es fast beliebig mit gedünstetem Gemüse (oder sogar Bratwurst!) kombinieren.

9. Ich habe noch Kräuter

Okay, ich gebe zu, das passiert vielleicht nicht so oft wie bei den oben genannten Zutaten (es sei denn, du hast einen Kräutergarten auf dem Balkon). Aber ich nehme jeden noch so fadenscheinigen Anlass, das Marcella-Hazan-Rezept für Pasta mit vier Kräutern weiterzuerzählen. Dieses Rezept macht Gebrauch von einer der vielen unfassbaren Techniken, die Hazan in ihrem Kochbuch-Klassiker »Die klassische italienische Küche« notiert hat (und es funktioniert auch mit drei oder zwei verschiedenen Kräutern). In ihrem Rezept für Pasta mit vier Kräutern werden – während die Nudeln kochen – Rosmarin, Minze, glatte Petersilie und Salbei kleingehackt und zusammen mit einer Handvoll halbierter Strauchtomaten oder einer kleingeschnittenen, abgetropften Dosentomate in eine Schüssel gegeben. Kurz bevor die Nudeln fertig sind, erhitzt man ein paar Löffel Olivenöl in der Pfanne, bis es zu rauchen beginnt (an dieser Stelle schlägt das deutsche Publikum das Kochbuch empört zu). Dann wird das rauchende Öl über die Kräuter und die Tomaten gekippt.

Im Bruchteil einer Sekunde explodieren die Aromen und bevor man »Non c'è male« sagen kann, verschwindet die halbe Wohnung in einer Rosmarinwolke, die so betörend ist, dass man sich fragt, warum man nicht jeden Tag ein kleines Kräuterbeet in die Luft sprengt.

Non c'è male ist Italienisch und bedeutet: nicht übel.

Ach so, vor lauter Euphorie fast vergessen: die Nudeln! Die musst du noch kurz unterheben und etwas Parmesan drüberhobeln – fertig. Wir lernen daraus (wieder einmal): Fett setzt Aromen frei. Und in diesem Fall braucht man nicht mal viel davon, es muss nur wahnsinnig heiß sein.

10. Ich habe noch Kakaopulver oder Nutella (und eine Mikrowelle)

Du machst ein Tassentörtchen. Ein Lava-Cake wird es nicht, aber mehr als essbar ist das Törtchen: ein Teelöffel (zum Beispiel in der Mikrowelle) geschmolzene Butter oder ein Teelöffel Pflanzenöl, ein Ei, drei Teelöffel Zucker und drei Teelöffel Kakaopulver in einer Tasse verrühren. Optional Schokoraspel drauf. Kein Mehl, kein Backpulver. Die Tasse 60 bis 90 Sekunden bei 750 Watt in die Mikrowelle. Wenn vorhanden, Puderzucker und weitere Schokoraspel drüber, fertig und gut.

In welchem Käse Asche ist (und warum)

Aus der Milch entlegener Höfe in der Region Franche-Comté machten französische Milchbauern ursprünglich den Rohmilchkäse Morbier. Bei kleinen Kuhherden reichte die Milch des morgendlichen Melkgangs nicht für ein ganzes Käserad aus, also mussten die Milchviehhalter:innen auf die Abendmilch warten. Um in der Zwischenzeit die Verkeimung der Rohmilch zu vermeiden, wurde die Morgenmilch mit Pflanzenasche bedeckt. So entstand in dem fertigen Käse der charakteristische Aschestreifen in der Mitte. Heute wird Morbier industriell hergestellt, die Asche wäre nicht mehr nötig, aber die Traditionen sind stark und das Marketing auch. Denn ohne dieses Erkennungszeichen hätten Leute wie ich ja gar nichts zu erzählen und deshalb ist immer noch Asche im Morbier. (Auf den Geschmack hat sie übrigens keinen Einfluss. Der Morbier schmeckt aber so gut, dass man ihn Aliens zum Probieren geben würde, wenn sie vorbeikämen und wissen wollten, was Käse ist.)

5. Die Sandwich-Formel – und eine Marmelade aus Tomaten

Deutschlands Brot ist Weltkulturerbe, aber unsere Sandwiches sind traurig. Belegte Brote verdienen Liebe – und die richtige Technik

Ich wollte doch nur ein Rührei.

Der Jetlag weckte mich um fünf Uhr morgens. Am Abend vorher war ich in Boston gelandet, in meinem Kopf war aber noch Berliner Zeit. Verwirrt und hungrig taperte ich durch die Straßen. Ich betrat ein Café und fragte nach *Scrambled Eggs*, Rührei, weil ich es in der Karte nicht fand. Ich hatte ja keine Ahnung.

Carolyn, die Verkäuferin, klärte mich auf: »Wir servieren Eier normalerweise in Form eines Frühstücks-Sandwiches, *but we can totally deconstruct that for you!*« Das Breakfast Sandwich ist normalerweise eine dicke Scheibe geräucherten Schinkens, ein zusammengefaltetes Spiegelei oder festes Rührei und vielleicht noch eine Scheibe geschmolzenen Käses – und das Ganze zwischen zwei gegrillten Muffin-Scheiben, die es in Deutschland als Toastbrötchen im Supermarkt gibt. Auf das dekonstruierte Sandwich verzichte ich, ich wollte ja nun schon wissen, was an dem Sandwich besser sein soll als an der formlosen Eierspeise. Ich bin müde und hungrig, also frage ich: »Es ist nicht mal sieben Uhr morgens und es geht schon um Dekonstruktion?«

»Ich bin schon seit fünf hier.« Carolyn gewinnt.

Warum sollte man sich, wenn es um belegte Brote geht, mit den USA beschäftigen? Oder überhaupt mit dem Ausland? Ist Deutschland nicht Musterschüler in Brotfragen? Das »Deutsche Brotregister des Deutschen Brotinstituts« (ich denke mir das nicht aus) verzeichnet über dreitausend Sorten und die »Deutsche Brotkultur« ist Immaterielles Weltkulturerbe der UNESCO. Aber wenn es ans Belegen geht, brauchen wir doch Nachhilfe. Dänemark hat *Smørrebrød*, Frankreich *Croque Monsieur*, Italien *Tramezzini*, Vietnam *Bánh mì*, Spanien *Tapas* und England hat John Montagu, den vierten Earl of Sandwich, den Namensgeber des Brots für überall. Es ist nicht ganz klar, ob der Earl nach einer Scheibe Rindfleisch zwischen zwei Brotscheiben verlangte, um seinem geliebten Kartenspiel *Cribbage* ungebremst nachgehen zu können oder ob es eher seriöse Arbeit war, die keine Speiseunterbrechnung duldete. Jedenfalls backen Menschen seit 22.000 Jahren Speisebrei zu einer Art Brot und immerhin seit der Zeit des Barock kennen wir das Sandwich. Es ist sogar Bestandteil der königlichen Tee-Zeremonie. Königin Elisabeth II. mag ihres mit Thunfisch, Mayonnaise und dünnen Gurkenscheiben. Die Kruste des Toasts muss entfernt und der Toast diagonal durchgeschnitten werden, wie es sich gehört. Ihr Sandwich klingt zwar ein bisschen langweilig (und einige Thunfischarten sind wegen Überfischung vom Aussterben bedroht), aber absolut machbar. Die Queen isst Sandwiches *and so can you*!

Es geht wie in allen Episoden dieser Reihe darum, etwas scheinbar Nebensächliches ernst zu nehmen. Beim Sandwich ist das jede einzelne Zutat – und die Tatsache, dass jede einzelne zur notwendigen Formstabilität des Ergebnisses beiträgt. Bei kaum einem anderen Gericht spielt jede Komponente eine so wichtige

Rolle wie beim Sandwich, denn nichts ist unbefriedigender als heraussuppende und abstürzende Beläge; die *Raison d'Être* des Sandwiches ist seine besteck- und spurlose Verzehrbarkeit unterwegs. Es ist kein Sandwich, wenn die Finger hinterher fettig, das Hemd voller Mayo und der Boden voller Gurkenscheiben ist.

Ein Sandwich zu machen, ähnelt dem Hausbau: Die Konstruktion will gut geplant sein, denn sie vergibt nicht. Es wird sich nicht – wie vielleicht ein Eintopf – am Ende schon irgendwie magisch zusammenfügen. Wer daran zweifelt, möge sich die bemitleidenswerten belegten Baguettes in der Bäckerei um die Ecke anschauen. Fahles Brot, lieblos draufgeholzte Butter, riesige Salatgurkenscheiben, deren Kernkompetenz Rausfallen ist, wässrige Tomatenscheiben, irgendein billiger Scheibenkäse. Nichts daran ergibt irgendeinen Sinn oder macht Spaß, die Zutaten sind für sich genommen schon öde und sie planlos aufeinanderzustapeln, hilft niemandem.

Eine Berliner Bio-Bäckerei bietet seit Jahren längs halbierte Laugenbrezeln mit Butter und Schnittlauch an. Man kann sich nicht vorstellen, was dabei schief gehen soll, aber sie hacken den Schnittlauch nicht klein, sondern klemmen ihn in ganzen Büscheln in die Brezel. Vielleicht hat der Zubereitende Angst davor, die Kräuter kleinzuhacken, jedenfalls fühlt sich das Ergebnis im Mund so an, als ob man ins Gras beißt, wortwörtlich.

Ein Land scheitert am Belegen von Teigwaren. Wie wird es also anderswo gemacht? In Dänemark ist der spektakuläre Belag des Smørrebrød wichtiger als seine Mobilität, so dass man es mit Gabel und Messer essen muss. (Das ist völlig in Ordnung, aber da Smørrebrød im engeren Sinne kein Sandwich ist, interessiert uns das hier nicht.) Den ansonsten unschlagbaren französischen Käsetoast *Croque Monsieur* müssen wir auch aussparen, weil er mit Käse überbacken ist, daher nicht unterwegs gegessen werden kann (Käseraspel vor dem Überbacken kurz in Milch einweichen und Toast mit Kochschinken nehmen, der lässt sich besser abbeißen). In Vietnam erlebt man einen unglaublich produktiven kulinarischen *Clash of Cultures* – das Baguette der Kolonialmacht Frankreich wird dort zu *Bánh mì* variiert, einem sandwichtauglicheren Brot, dessen Teig Reismehl beigefügt wird, was die Brotkruste dünner macht. Belegt wird es mit eingelegten Karotten, Fleischwolle (*Rousong*) und Leberpastete. *Bánh mì* ist ziemlich unwiderstehlich, auch weil man neue Aromen und Texturen kennenlernt.

Bekannter sind hierzulande *Tramezzini*. Erst 1925 in Turin erfunden und nahe Verwandte des englischen krustenlosen Sandwich, werden sie in feuchten Baumwolltüchern aufbewahrt, was sie nicht nur weich, sondern auch formstabil macht. Durch die Feuchtigkeit verbinden sich die Zutaten und die Gefahr des Auseinanderdriftens wird reduziert. Der Beißeindruck ist soft, wird aber mit knackigem Salatbelag kontrastiert.

Ein gutes Sandwich erkennt man daran, dass es Spaß macht, hineinzubeißen und man dabei weder die Integrität der Speise, noch den eigenen Gaumen verletzt. Die Zutaten müssen sich auf robuste Weise miteinander verbinden. Fett- oder zuckerbasierte Aufstriche können eine Klebefunktion übernehmen, wenn sie nicht zu flüssig sind: Mayonnaisen, Ketchups, Marmeladen. Ansonsten gelten die gleichen Prinzipien wie bei allen anderen Gerichten auch: Kontraste machen es spannend. Ideal wäre ein Sandwich, in dem verschiedene Texturen zusammenkommen, etwas Weiches, etwas Knuspriges, etwas Feuchtes. Röstaromen aus dem Brot, Umami aus dem Hauptbelag und dann noch etwas Süße und Säure – das wäre perfekt.

Der japanische Begriff umami bezeichnet eine geschmackliche Qualität jenseits von süß, salzig, sauer und bitter. Jeder kann diese Qualität wahrnehmen. Unter anderem Parmesankäse, Sardellen, Sojasauce und gebratenes Steak schmecken umami.

Wie stellt man es also an? Wir bauen unser Sandwich von unten nach oben folgendermaßen zusammen: Zuerst das Brot. Hier ist ein erstmal fragwürdig klingender Kompromiss gefragt: Je üppiger das Sandwich belegt ist, desto weniger knusprig darf es sein. Es ist schlichte Geometrie: Je mehr man durchbeißen muss, desto weiter muss man den Mund öffnen, desto wahrscheinlicher schabt man sich mit knuspriger Baguettekruste den Gaumen auf. Das ist auch die Erklärung dafür, warum Sandwichbrot meist außen eher weich ist. Die Innenseiten hingegen sollten aufgeraut sein, damit sich der Belag im Brot verhaken und nicht in das Brot suppen kann. Dazu werden die Innenseiten des Brots gegrillt oder angebraten. Ich habe auch schon gesehen, wie Profis das Brot noch mit einem Reibeisen weiter aufrauen. Die in letzter Zeit immer populärer werdenden relativ süßen Brötchen aus Briocheteig machen Spaß zu essen und haben eine schöne gelbe Farbe wegen des Ei-Anteils, müssen aber vorsichtig gehandhabt werden, weil sie wegen ihres Fluffs relativ leicht reißen, wenn man sie zum Beispiel mit kalter, harter Butter zu rabiat beschmiert. Und das Beschmieren muss sein, denn die Innenseiten der Brötchen sollen ja angebraten werden, damit der Belag einrastet (außerdem schmeckt in Butter gegrilltes Brot viel besser).

Als zweite Schicht brauchen wir eine idealerweise klebrige Creme. Diese Funktion erledigen Fett oder Zucker problemlos. Denkbar ist hier eine Mayonnaise, die man aufbrezelt mit Sriracha (scharfe Chilisauce) und Worcestershire-Sauce (eine in den 1830ern in England entwickelte fermentierte Sauce aus Essig, Melasse, Zucker, Salz, Sardellen, Tamarinde, Zwiebeln und Knoblauch). Beide Produkte gibt es im Supermarkt. Man sollte sie im Haus haben, denn sie halten ewig und geben vielen Speisen Bums mit nur einem Handgriff.

Auf die Sauce kommt jetzt der Hauptbelag. Das können Salat, Fleisch, Ei (oder Eiersalat), Käsescheiben, Zwiebeln, Mikrogrün oder tausend andere Dinge sein. Als Mikrogrün (oder *Microgreens*) wird die junge Keimpflanze verschiedener Gemüsesorten (Rucola, Radieschen, Senf, Rotkohl) bezeichnet. Diese kleinen Pflanzen schmecken intensiv, sind besonders gesund und sehen gut aus. Eine Kombination aus verschiedenen Konsistenzen, salzig und süß, ist das Ideal.

Dann folgt auf Wunsch noch eine Scheibe Käse, wenn geschmolzen, dann mit hohem Fettgehalt – und dann schließlich die obere Brothälfte. Wenn man alles richtig gemacht hat (was zugegeben nicht so einfach ist, weil ein Sandwich wortwörtlich so viele bewegliche Teile hat), braucht man kein Papier, um das Sandwich zusammenzuhalten. Aber niemand ist perfekt, deshalb ist es auch völlig okay, Sandwiches aus einem Bäckerfaltenbeutel zu essen. Eine schöne und praktische Serviermethode: das Sandwich straff in Einschlagpapier wickeln und erst dann in der Mitte durchschneiden. So erhält man zwei perfekt eingepackte Sandwichhälften, was insbesondere bei riskanteren Belägen wie Eiersalat hilfreich ist.

Soweit die Theorie, jetzt zur Praxis. Wir machen ein *Breakfast Sandwich*, aber *deluxe*. Ich werde nicht drumherumreden, beim ersten Mal ist das ein bisschen Arbeit. Aber betrachtet dieses Rezept nicht als Gesetz, sondern als Basis für eigene Experimente. Wenn ihr es wagt, verspreche ich ein robustes, reproduzierbares Glückserlebnis der Kategorie »Warum habe ich das nicht schon immer so gemacht?«

Es gibt ein Sandwich aus gebratenen Briochebrötchen mit karamellisierten Zwiebeln, Speck, Rührei mit Schnittlauch, geschmolzenem Bergkäse – und als *Magic Sauce* gibt es selbstgemachte Tomatenmarmelade. Selbst wenn ich dich nicht von den Qualitäten des Frühstückssandwichs überzeugen kann, wird es die Tomatenmarmelade in deinen Rezeptkasten schaffen, ziemlich sicher.

Tomatenmarmelade

Wir fangen mit der wichtigsten Zutat an, auch weil du sie ein paar Stunden vorher, idealerweise am Vortag, vorbereiten kannst. Du kannst Tomatenmarmelade für tausend Dinge verwenden. Sie macht sich fantastisch auf Ziegenkäse, aber auch auf Huhn oder einfach so auf Toast. Sie ist tatsächlich eine Marmelade (oder ein Chutney) und das ist auch gar nicht so abwegig, akzeptiert man, dass Tomaten Beeren sind. (Tomaten sind Beeren.) Das Rezept basiert auf dem Nachbau der Tomatenmarmelade aus der Barceloner Tapas-Bar »Quimet y Quimet«, den wir dem amerikanischen Food-Journalisten Mark Bittman zu verdanken haben. Ich habe ein paar kleine Änderungen vorgenommen (weniger Zucker, Limettensaft erst später hinzufügen, auf Wunsch Dosentomaten verwenden).

Zutaten für 200 Gramm Tomatenmarmelade (reicht für 6 bis 8 Sandwiches):

* 400 Gramm Tomaten, wenn frisch, dann Roma, ansonsten aus der Dose, abgetropft
* 100 Gramm Zucker
* 1 Esslöffel grob gehackten Ingwer (wir wollen die Stücke nachher noch wahrnehmen)
* ausgepresster Saft einer halben Limette
* 1 Prise Zimt

* 1 Prise gemahlene Nelken
* 1 Prise Kreuzkümmel (Kumin)
* ¾ Chilischote (entkernt, kleingehackt)
* 1 gestrichener Teelöffel Salz

Zubereitung:

1. Wenn du Konserventomaten benutzt: Lass die Flüssigkeit abtropfen. Schneide die Tomaten in Stücke von maximal 2 Zentimeter Kantenlänge. Roma-Tomaten müssen nur halbiert werden. Wenn du frische Tomaten benutzt, entkerne sie.
2. Alle Zutaten außer dem Limettensaft in einen nicht zu großen Topf geben.
3. Bei höchster Hitze aufkochen lassen und dann bei kleinster Hitze schmurgeln lassen. Dabei regelmäßig umrühren, bis eine Konsistenz entsteht, die etwas flüssiger als Marmelade ist. Das dauert etwa etwa 45 Minuten. (Die Marmelade wird beim Abkühlen weiter verdicken.)
4. Limettensaft einrühren.
5. Topf von der Kochstelle nehmen und in ein sehr sauberes, verschließbares Behältnis umfüllen, abkühlen lassen. Im Kühlschrank hält sich die Marmelade eine Woche.

Damit hätten wir die Zauberzutat, jetzt kommen wir zum Sandwich selbst.

Deluxe-Frühstückssandwich mit Tomatenmarmelade

Zutaten für 1 Frühstückssandwich:

* 2 Scheiben Briochebrot oder 1 Briochebrötchen (gibt es im Supermarkt)
* 2 Scheiben Frühstücksspeck (nicht kleingehackt) oder veganen Speck (eine vegane Speck-Variante aus Reispapier mit Raucharoma findest du auf der Website »Eat this«)
* 2 Esslöffel Butter (1 Teelöffel zum Anbraten der Zwiebeln oder Schalotten, 1 Teelöffel zum Bestreichen des Brioche, 1 Esslöffel für das Rührei)
* 2 Esslöffel Schnittlauch (gehackt), gibt es auch fertig im Tiefkühlregal
* 2 Eier bei Zimmertemperatur (Eier müssen erst zum Ende ihrer Haltbarkeit überhaupt in den Kühlschrank)
* 1 Schalotte oder 1 halbe Zwiebel, in Scheiben geschnitten
* 1 Scheibe Bergkäse oder mittelalter Cheddar (Zimmertemperatur)
* 1 Esslöffel Tomatenmarmelade (Rezept oben)
* (optional:) 1 Spritzer Tabasco
* Salz, Pfeffer

Zubereitung:

1. Den Speck im Ofen braten, damit du dich nicht um ihn kümmern musst. Ein Backblech mit Alufolie belegen und dann den Speck daraufgeben. Das Backblech auf die mittlere Schiene in den kalten Ofen stellen, dann auf 220 Grad stellen. Wenn der Speck kross und fast dunkel ist, nach etwa 20 Minuten, aus dem Ofen nehmen und vorsichtig auf Küchenpapier transferieren, damit das überschüssige Fett abtropfen kann. (Wenn du die vegetarische Version zubereitest, folge der Anleitung bei »Eat this«.)
2. In der Zwischenzeit bei niedriger bis mittlerer Hitze 1 Teelöffel Butter in einer Pfanne zerlassen. Wenn die Butter geschmolzen ist, gib die gehackten Schalotten oder Zwiebeln dazu. Sie müssen langsam karamellisieren, bis sie braun und glasig sind, etwa 10 Minuten lang. Dieser Prozess kann nicht beschleunigt werden. Währenddessen mit dem Pfannenwender umrühren, damit nichts anhängt. Karamellisierte Zwiebeln oder Schalotten von der Pfanne auf einen Teller transferieren, Pfanne säubern.
3. Pfanne auf mittlerer Hitze erwärmen. Währenddessen zwei Scheiben vom Briochebrot abschneiden oder Briochebrötchen halbieren (wenn sie nicht schon halbiert verkauft wurden) und beide Innenseiten bis zum Rand dünn mit Butter bestreichen. Wenn die Pfanne warm genug ist, nach etwa 5 Minuten, Brioche auf den Innenseiten in Butter braten,

bis sie goldbraun sind, etwa 3 Minuten. Brioche aus der Pfanne nehmen und auf der nicht gebratenen Seite ablegen.

4. Die untere Briochescheibe mit 1 Esslöffel Tomatenmarmelade bestreichen, dann Zwiebeln oder Schalotten daraufgeben. Schließlich den Speck in der Mitte zerbrechen (so kross sollte er sein) und in zwei Schichten auf die Zwiebeln oder Schalotten geben.
5. Jetzt machen wir das Rührei. Das Basisrezept findest du in Kapitel 4 unter »Ich habe noch ein Ei«. Du musst den Schnittlauch zur Eiermischung hinzufügen.
6. Hebe deine Rührei-Boulette sofort aus der Pfanne und gib sie auf den Speck.
7. Lege eine Scheibe Käse auf das Rührei. Falls der Käse nicht schmelzen sollte, lege ihn kurz in die Pfanne, die noch heiß ist vom Rührei und warte ein paar Sekunden. Gib den geschmolzenen Käse vorsichtig auf das Rührei.
8. Setze die andere Briochescheibe auf den Käse und drücke dein Breakfast Sandwich vorsichtig etwas zusammen.

6. Arrivederci al dente: Pasta kochen wie die Profis

Die Geschichte der Pasta steckt voller Missverständnisse. Dabei ist es so einfach, fantastische Nudeln zu kochen! Jede:r kann es. Hier erfährst du, wie – und was Jesus mit Lasagne zu tun hat

Wer sich die chinesische Essens-Dokuserie »Ursprünge des Geschmacks« ansieht, und das sollte man, für den ist der Fall klar. Erstens, Nudeln kann man aus allem machen: Weizen, Buchweizen, Kartoffeln, Sojabohnen, Reis, sogar aus Gluten (dem Getreideprotein). Und zweitens, erfunden wurden die langen Teigschnüre in China und zwar vor mindestens viertausend Jahren. Das stimmt wohl auch, aber eben nicht nur. Denn offenbar gehören Nudeln zu den Dingen, die so zwingend sind und einen so universellen Reiz ausüben, dass sie an verschiedenen Orten unabhängig voneinander erfunden wurden, wie das Telefon.

Und ähnlich wie mit dem Telefon kann man sich über Nudeln hervorragend unterhalten. Nudeln entzweien Menschen nicht, sie verbinden sie. Sie sind nie Gegenstand von Kontroversen, kein Tier muss wegen ihnen leiden (Ausnahme Eiernudeln). Nudeln sind aber auch keine freudlosen Amaranth-Hirse-Taler, sie sind das Genussmittel, auf das sich alle einigen können. Sie sind nicht teuer, jeder Mensch kann Nudeln kochen (wenn auch nicht gleich gut), und alle haben etwas dazu zu sagen.

Wer kennt nicht diese Person, die aus Italien zurückkommt und mit großen Augen erzählt, dass *Bolognese* dort gar nicht Bolognese, sondern *al ragù* heißt? Und damit beginnt dann überhaupt erst die Diskussion, wie viele Stunden diese Sauce denn nun köcheln muss. Oder wie viele Tage. Und ob es stimmt, dass Milch in die Sauce gehört. Oder Hühnerinnereien. Und wie viel Sellerie eigentlich? Nudeln werden immer für uns da sein, sie liefern Energie – und Gesprächsstoff.

Nudeln gibt es schon ewig, aber die Entstehungszeiten der Rezepte, die wir heute wie selbstverständlich nebeneinander auf der Speisekarte finden, liegen manchmal Tausende Jahre auseinander. Lasagne zum Beispiel ist älter als Jesus! Schon der römische Staatsmann Cato der Ältere erwähnt eine Art Käse-Nudel-Auflauf. Spaghetti Carbonara hingegen sind keine hundert Jahre alt – und eine Kriegserfindung. Amerikanische Soldaten hatten Speck und Eipulver als Rationen dabei, als sie 1944 Rom einnahmen. Angeblich soll ein römischer Koch aus diesen Zutaten die erste Carbonara zubereitet haben. Einer anderen Überlieferung zufolge wollte ein geschäftstüchtiger Römer die US-Soldaten als Restaurantgäste gewinnen. Um an ihre (vermuteten) Essgewohnheiten anzuknüpfen, kreuzte er Nudeln mit einem amerikanischen Frühstück aus Eiern und Speck.

So oder so: Das Gericht wurde ein *Instant Classic*, und heute arbeiten sich diesseits und jenseits des Atlantiks Hobbyköch:innen an der perfekten Eier-Käse-Speck-Sauce ab. Das Ziel: Käse und Speck nur mit Ei an den Nudeln festkleben. Das Problem: ein sehr schmaler Toleranzkorridor. Es gibt nur wenig Spielraum, um es richtig zu machen, aber dafür viele Möglichkeiten, es zu versemmeln. Eiweiß denaturiert bei 65 Grad – wird es zu heiß, hat man

Nudeln mit Rührei (ziemlich ungenießbar). Wird es nicht heiß genug, hat man kalte Eiersuppe mit Nudeln (völlig ungenießbar).

Und um mit der in Deutschland populären Begriffsverwirrung auch noch kurz Schluss zu machen: Carbonara ist nicht dasselbe wie Nudeln mit Schinken-Sahnesauce, denn weder Schinken noch Sahne finden sich im Originalrezept. Es gibt aber entgegen der landläufigen Meinung durchaus italienische Pastarezepte mit Sahne, zum Beispiel die wunderbare *boscaiola* (Nudeln »nach Holzfällerart«) mit Pilzen, Weißwein, Speck, Tomaten, manchmal auch Erbsen – und eben etwas Sahne. Pasta alla boscaiola ist ein Waldspaziergang zum Essen, macht aber mehr Arbeit. Ich habe sie selber auch noch nie so gut hinbekommen wie in der Pension von Familie Pesenti in der Lombardei, wo ich dieses einfache (aber offenbar schwierige) Gericht so gut aß wie sonst nirgends, weshalb ich hier auch kein Rezept teile. Es können nicht nur die in Weißwein rekonstituierten (eingeweichten) Steinpilze sein, vielleicht müsste man es mal mit Morcheln probieren, den Zauberpilzen, die zu Unrecht im Schatten der Trüffel stehen.

Carbonara haben wir irgendwie auch den Amerikanern zu verdanken, und wären sie nicht in Rom, sondern im Veneto oder im Friaul mit Eipulver und Speck auf eine findige Köchin getroffen, wäre Carbonara heute vermutlich ein Maisbrei. Denn Italien war noch vor drei Generationen überhaupt nicht durchweg Pastaland. Marcella Hazan schreibt in »Die klassische italienische Küche«, dass sich die Menschen im Veneto, im Friaul und in großen Teilen der Lombardei bis Mitte des 20. Jahrhunderts vornehmlich von Polenta ernährten, dem im Vergleich zur Pasta ungeliebten Maisbrei. Nudeln waren dort nicht nur unüblich, sondern so unbekannt, dass die Süditaliener:innen ihre nördlichen Landsleute *Polentone* nennen, also quasi Polentafresser.

Der Maisbrei hat einen entscheidenden Nachteil: Man kann ihn nur flüssig oder fest essen, während Nudeln tausend Varianten erlauben und damit leidenschaftliche Diskussionen über ein Thema, von dem man es nicht erwarten würde: Geometrie.

Wie überall geht es auch bei Pasta um das Miteinander von Form und Inhalt. Die Form meint die Form der Nudel, der Inhalt die Sauce. Im Idealfall ergänzen sich beide so überzeugend, dass sich viele Menschen bestimmte Saucen nur mit einer bestimmten Sorte Pasta vorstellen können. (Die meisten dieser Menschen kommen aus Italien.)

Was die Form angeht, gibt es hierzulande eine klare Meinung: Platz 1 belegen wenig überraschend Spaghetti. Ein Drittel der Deutschen erklären sie zu ihrer Lieblingsnudel. Sämtliche Bandnudeln (Fettucine, Tagliatelle etc.) teilen sich den zweiten Platz und auf dem dritten Platz finden sich Fusilli, vermutlich weil sie sich gut im Nudelsalat machen, aber sicher bin ich nicht.

Ich persönlich bin überhaupt kein Fan dieser Spindelnudeln, weil sie ein bizarres *mouthfeel* haben und nur eher flüssige Saucen gut aufnehmen können. Mit Zwiebeln, Speck, Erbsen etc. können sie nicht verheiratet werden, aber das ist nur meine bescheidene (aber starke) Meinung.

Während in China die sehr unterschiedlichen geografischen Lagen die Menschen zwangen, aus immer neuen Rohstoffen Nudeln zu machen, äußerte sich der Erfindungsreichtum der

Italiener:innen in unterschiedlichsten Nudelformen, wobei das Rohmaterial meist das gleiche ist: Hartweizen. Der weichere Weizen, der im feuchteren Norden Europas angebaut wird, muss mit Eiern angereichert werden, um bei der Nudelproduktion formstabil zu bleiben, weshalb man in Deutschland mehr Eiernudeln findet als in Italien. Dort werden übrigens dreimal so viel Nudeln gegessen werden wie hierzulande. Ein:e Italiener:in verzehrt 25 Kilo pro Jahr, also jeden Montag bis jeden Freitag fast 100 Gramm täglich. Und dort liegen Nudeln in Form eines abgeschrägten Zylinders auf Platz 1, die *Penne*. Das Wort bedeutet Feder oder Federkiel: Die Nudeln sind abgeschrägt wie das Schreibgerät (das englische Wort *pen* hat den gleichen Ursprung).

Penne sind deutlich flexibler einsetzbar als Spaghetti, da sie hohl sind. So können gröbere Saucenbestandteile in den Zylinder eindringen, was die Wahrscheinlichkeit erhöht, auf einer Gabel Nudel und Sauce in einem guten Verhältnis vorzufinden. Eine Sauce, die übrig bleibt, weil sie sich nicht gut mit den Nudeln verbindet, ist entweder eine schlechte Sauce – oder traf einfach nur auf die falsche Pasta.

Ein besonders schönes Beispiel für das Zusammenspiel von Sauce und Nudelform gibt die amerikanische Kochbuchautorin Melissa Clark in ihrem fantastischen, aber leider auch sehr umständlichen Rezept für Nudeln in cremiger Maissauce und Basilikum. Sie bittet ausdrücklich um die Verwendung von Öhrchen-Nudeln, *Orecchiette*. In diesem Rezept kommt Mais auf zweierlei Art zum Einsatz, in Butter gebraten und püriert. Die gebratenen Maiskörner sollen sich in die Nudeln fügen und ihnen dadurch den sonst fehlenden Crunch geben. Genau dafür haben die Öhrchennudeln die richtige Form. Ich habe dieses üppige Gericht schon oft gekocht (macht es nur mit frischem Mais, also zwischen Juli und September) und die Funktionslust, die man verspürt, wenn genau ein Maiskorn in genau eine Nudel passt, ist schon der halbe Spaß. (Und dann schmeckt es auch noch sehr gut.)

Auf den Versuch, die perfekte Pastaform zu entwickeln, verwendete der Food-Podcaster Dan Pashman drei Jahre seines Lebens. Er ermittelte drei wesentliche Erfolgsfaktoren für die perfekte Nudel: wie gut die Sauce haftet (*Sauceability*), wie leicht es ist, sie mit der Gabel aufzuspießen (*Forkability*) und wie befriedigend es ist, seine Zähne in die Nudel zu versenken (*Toothsinkability*). Schließlich fand er einen Nudelhersteller, der die angeblich perfekte Nudelform auf den Markt brachte. Die Cascatelli (»kleine Wasserfälle«) sind leider bislang noch nicht in Deutschland erhältlich, aber wenn sich das ändert, werde ich meine Zähne in sie versenken und berichten.

Was die Cascatelli aber auf jeden Fall auszeichnet, ist eine Eigenschaft, die sie mit anderen gehobenen Nudelsorten teilt: Sie werden durch Bronzeformen gepresst, die den Nudeln eine rauere und damit größere Oberfläche aufprägen. Dank dieser traditionellen Herstellungsmethode können die Nudeln mehr Sauce aufnehmen. Die poröse, hellere Oberfläche der Bronze-Nudeln erscheint dem Auge des ahnungslosen Verbrauchenden jedoch wie ein Mangel, weshalb die meisten Supermarktnudeln durch Edelstahl- oder Teflon-Formen gepresst werden. Dann sehen sie zwar schön glatt aus, aber darin erschöpfen sich ihre Vorteile auch. (Wie bei Tomaten gilt auch hier das leidige Supermarktproblem, dass viele Produkte fürs Auge und nicht für den Gaumen hergestellt werden.)

»Form follows function« gilt also auch bei Nudeln, aber es gibt Ausnahmen. Die Rezepte, die ausdrücklich keine Vorschrift für eine bestimmte Nudelsorte machen, sind rar, aber hier ist eins: Alison Romans Pasta mit karamellisierten Schalotten hat Anfang 2020 einen Social-Media-Hype ausgelöst (Hashtag #thepasta). Die Autorin sagt geradeheraus, dass es völlig egal ist, welche Nudelsorte man nimmt. Ich habe es ausprobiert und dieses wunderbar befriedigende Rezept mit fünf verschiedenen Nudelsorten gekocht. Aufgrund der extrem klebrigen Sauce macht die Nudelform wirklich keinen nennenswerten Unterschied, es schmeckt einfach immer gleich gut.

Bleibt die scheinbar triviale Frage: Wie kocht man denn nun Nudeln? Nudelgerichte zu kochen, ist die Kunst der Geschmacksinfusion. Da Nudeln nach nicht viel schmecken, muss man den Geschmack irgendwie in sie hineinbekommen. Diese Aufgabe erledigt natürlich die Sauce – wenn man sie denn lässt. Denn das große deutsche Missverständnis besteht darin, Nudeln und Sauce als zwei Komponenten zu sehen, die erst in letzter Sekunde, kurz vor dem Servieren, zusammengefügt werden. Dies ist in neun von zehn Fällen falsch. Keine Diskussion, es ist keine Geschmackssache, kein »ich mag es aber lieber so« und auch kein »ich habe das bei Mama Miracoli gesehen«: Die Sauce kommt nicht erst am Tisch auf die Nudeln.

Das ist so, als würde man eine Pizza belegen, nachdem man sie gebacken hat. Es funktioniert so nicht. Ich verrate euch jetzt ein schlecht gehütetes Geheimnis: Nudeln werden nicht im Wasser fertig gekocht. Praktisch nie. Wenn man sie erst fertig kocht und dann mit der Sauce zusammenbringt, beleidigt man die Nudel, die Sauce, die italienische Küche, die chinesische Küche, den Gaumen seiner Gäste und überhaupt den gesunden Geschmacksverstand. Diese deutsche Unsitte muss aufhören und wenn dieses Kapitel nur eine *Takeaway Message* hat, dann diese: Nudeln niemals im Wasser fertig kochen, sondern in der Sauce.

Ein Großteil der Nudelrezepte funktioniert nach dem gleichen Schema und wenn man es einmal draufhat, kann man auch seine eigenen Rezepte entwickeln und endlose Kombinationen ausprobieren. Was bedeutet das nun konkret? Ich teile jetzt mal ein Referenzrezept, eine Basis für viele Nudelgerichte:

1. Nimm viel mehr Wasser, als du denkst: ein Liter auf 100 Gramm Nudeln. Sonst besteht die Gefahr, dass die Nudeln aneinanderkleben – und außerdem brauchen wir das stärkehaltige Nudelwasser noch.

2. Nimm viel mehr Salz, als du denkst: zehn Gramm auf einen Liter. Und keine Sorge, das meiste Salz landet nicht in den Nudeln, aber da die Nudeln nur relativ kurz im Kontakt sind mit dem Salz und sie in viel Wasser schwimmen, braucht es viel Salz. Es gilt Samin Nosrats Regel, bei jedem Schritt des Kochens zu salzen. Salzen ist der Job der Köchin oder des Kochs, nicht des Gastes.

3. Nudeln bis 1 oder 2 Minuten vor al dente (bissfest) kochen. Sie sollen eben nicht bissfest, sondern gerade noch ungenießbar hart sein, wenn sie aus dem Wasser kommen.

4. Eine Tasse Nudelwasser pro 100 Gramm Nudeln dem Topf entnehmen und beiseite stellen. Wir brauchen das, denn es

enthält Stärke, die die Nudeln mit der Sauce verklebt. Da wir aber noch nicht genau wissen, wie viel wir brauchen, habe ich mir eine Tasse pro 100 Gramm angewöhnt.

5. Nudeln werden nicht mit kaltem Wasser abgeschreckt (es sei denn man macht Nudelsalat). Diese sinnlose Angewohnheit spült die Stärke von den Nudeln und kühlt sie ab. Beides ist völlig kontraproduktiv. Bitte mit Abschrecken aufhören!

6. Die Nudeln leicht abgetropft in den Topf oder die Pfanne mit der Sauce geben und darin die letzten Minuten zu Ende köcheln lassen. Damit genug Flüssigkeit zum Kochen da ist, greifen wir zu unserer Tasse Nudelwasser. Aber nur so viel wie unbedingt nötig. Die Nudeln müssen von Feuchtigkeit umschlossen sein, aber sie sollen dann nicht mehr darin schwimmen. In diesem Schritt verheiraten wir Nudeln und Sauce zu einer untrennbaren Einheit – genau so soll es sein. Wie jede italienische Mamma sagen würde: Du kannst es auch anders machen, aber dann ist es halt falsch.

7. Diese letzten Minuten entscheiden über Wohl und Wehe des Nudelgerichts. Es ist Improvisation gefragt: Falls die Flüssigkeit zu schnell verdunstet, die Nudeln aber noch nicht durch sind, gieße etwas Nudelwasser aus der Tasse nach. Das wiederholst du so lange, bis die Nudeln gar und das Wasser komplett verdunstet ist. Mit etwas Übung passieren diese beiden Dinge gleichzeitig.

Manchmal kann man das zurückgehaltene Nudelwasser auch weglassen, aber es ist gut, es sicherheitshalber parat zu haben, falls die Sauce zu dick wird oder die Nudeln festzubacken drohen, weil sie noch länger köcheln müssten, aber die Flüssigkeit alle ist.

Diese Vorgehensweise garantiert, dass die Nudeln den Geschmack der Sauce annehmen, dass die Sauce an den Nudeln haftet und dass die Sauce nicht zu wässrig wird. Und diese Methode funktioniert bei fast jeder Sauce. Ausnahme: Spaghettieis, übrigens eine Erfindung aus Deutschland, von 1969, immerhin von einem Italiener.

Spaghetti mit Erdnusssauce und Minze

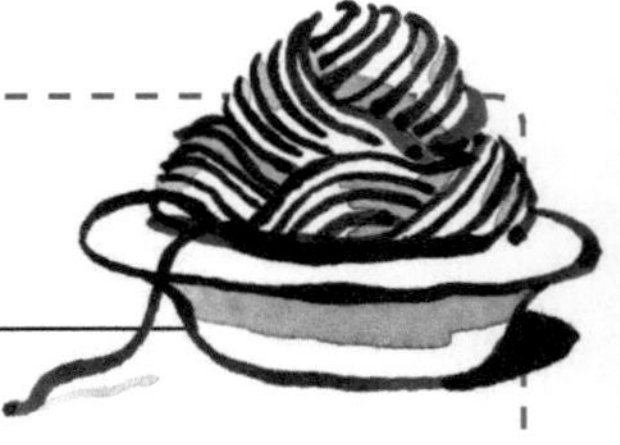

Wir machen Nudeln mit knackig-cremiger Erdnusssauce und Minze. Dieses Gericht zuzubereiten, dauert keine 15 Minuten, alle Zutaten kann man bevorraten, es kann nicht viel schiefgehen und vegan ist es auch. Wenn also alle Stricke reißen, kann man immer noch diese Nudeln machen und eine Viertelstunde später geht es einem schon besser.

Zutaten:

* 100 Gramm Nudeln, zum Beispiel Spaghetti, aber fast alle Sorten sind geeignet
* 10 Gramm Salz
* 2 Esslöffel Erdnussbutter (crunchy wäre ideal, z.B. Monki aus den Niederlanden, gibts in manchen Biomärkten)
* 1 Knoblauchzehe (gehackt)
* 1 Esslöffel brauner Zucker
* 1 Esslöffel Sojasauce
* ½ Teelöffel Chiliflocken
* 1 Spritzer Limettensaft oder Zitronensaft (optional)
* einige Minzblätter (optional)

Zubereitung:

1. Einen guten Liter Wasser in einem großen Topf zum Kochen bringen. Wenn das Wasser kocht, Salz und

Nudeln hinzugeben. Die Nudeln kochen, bis sie kurz vor bissfest sind.

2. Während die Nudeln kochen, Erdnussbutter, Knoblauchzehe, Zucker, Sojasauce und Chiliflocken in einem kleinen Kochtopf zu einer Sauce verrühren.
3. Kurz vor Ende der Nudelkochzeit eine halbe Tasse Nudelwasser abschöpfen und löffelweise in die Sauce rühren, um sie zu verflüssigen.
4. Die Nudeln kurz abtropfen lassen und dann zu der Sauce in den Topf geben, gut vermischen und die Nudeln darin 1 bis 2 Minuten zu Ende kochen. Wenn die Sauce zu trocken wird, löffelweise von dem zurückgehaltenen Nudelwasser hinzugeben, bis zu etwa vier Esslöffel.
5. Kurz vor dem Servieren noch den Limettensaft oder Zitronensaft hinzugeben.
6. Nudeln in eine kleine Servierschüssel geben und auf Wunsch mit Minzblättern garnieren.

Weitere vegetarische (teils auch vegane) Nudelgerichte: In Kapitel 4 findest du Pasta mit vier Kräutern und Pasta mit brauner Butter, auch zu empfehlen sind die Nudeln mit Misopaste und Parmesan, Marcella Hazans legendäre Tomatensauce und Yu Xiang Qie Zi (japanische Aubergine, Ingwer und Knoblauch; eigentlich mit Reis, aber es geht auch sehr gut mit Nudeln wie Casarecce, einfach Nudeln wie oben im Referenzrezept beschrieben mit der Sauce verbinden).

Woran du im Ausland deutsche Restaurantgäste erkennst

Tischsitten, ein belastendes Thema. Die einen wollen bloß nichts falsch machen, die anderen wollen sich bloß nichts vorschreiben lassen. Hier meine unmaßgebliche Meinung: Tischsitten sind eine Sprache. Sie sind sehr praktisch, sehr unsinnig, die Fortschreibung einer Tradition und Distinktionsgegenstand, sie sind robust und im Wandel, alles zugleich. Gabel links, Messer rechts, Getränke immer von rechts anreichen, Kartoffeln nicht mit dem Messer schneiden, die Hände immer auf dem Tisch, sich als Gastgeber:in erst setzen, wenn die Gäste sitzen, »Guten Appetit« nicht bei Geschäftsessen sagen und so weiter. Wer sich daran hält, weist sich als jemand aus, der die Regeln kennt. Aber natürlich nur gegenüber denen, die die Regeln auch kennen. Wie beim Unterschied zwischen anscheinend und scheinbar.

(Das tut eigentlich überhaupt nichts zur Sache, aber da du dich das nun fragst: »Scheinbare« Dinge erscheinen nur so, sind aber tatsächlich ganz anders. Das Wort »anscheinend« hingegen macht keine Aussage darüber, ob etwas tatsächlich so ist oder nur so scheint. Wäre das auch geklärt.)

Wer die Sprache beherrscht, erntet den Respekt derer, die sie auch beherrschen. Den anderen ist es egal, weil sie weder Regel noch Verstoß kennen. Tischsitten sind Kulturprodukte, deshalb ist es (mit Ausnahmen) auch so müßig, über ihre Sinnhaftigkeit zu diskutieren. Wie sinnvoll ist es, dass der Bär Bär heißt und die Schlange Schlange? Es hätte ja auch genau umgekehrt sein können. Sinnvoll hingegen ist es, sich darauf zu einigen, was mit »Bär« und »Schlange« gemeint ist. Inwiefern es also sinnvoll ist, sich auf die gleichen Tischsitten zu einigen, wäre der eigentlich spannende Gegenstand der Diskussion. Hier jedoch nicht.

Hier soll es nur kurz um die »Bröckchen-Flöckchen-Regel« gehen, an deren Nichteinhaltung man deutsche Restaurantbesucher im Ausland erkennt. Die Regel besagt, dass man Brotscheiben aus dem Brotkorb nicht am Stück wie ein Butterbrot beschmiert und dann davon abbeißt. Vielmehr soll man ein Bröckchen abbrechen, mit einem Flöckchen Butter beschmieren und dann auf diese Weise nur kleine Mengen des Brotes essen (man ist ja normalerweise nicht wegen des Brots im Lokal). Der »Arbeitskreis Umgangsformen International« schreibt, dass man im Ausland Deutsche im Restaurant daran erkenne, dass sie sich am Tisch ein Butterbrot schmieren und davon abbeißen. Natürlich wird dich niemand darauf hinweisen, wenn du diesen Fauxpas begehst, denn auch das gehört zu den Benimmregeln: Fremde korrigieren dich nicht. Sie nehmen einfach still zur Kenntnis, dass du die Regel nicht kennst. Aber nur, wenn sie sie selbst auch kennen.

7. Gemüse ist geil – lasst es uns genießen!

Was gesund ist, darf in Deutschland nicht schmecken. Das ist ein Problem. Die Lösung sind seidig zarter Kohl, Paprika mit Speckgeschmack und Tomate in Samtbutter

Im Herbst 2015 hatte ich das, was die Psychologie eine Anpassungsstörung nennt. Man fühlt sich furchtbar, verunsichert, über die Maßen besorgt, weil sich zu viele wichtige Dinge im Leben gleichzeitig ändern. Man hat merkwürdige körperliche Beschwerden und kann sich nicht daran erinnern, sich mal besser gefühlt zu haben. Vor allem kann man sich nicht vorstellen, dass es mal wieder besser wird. In dieser Verfassung aß ich in einer Taqueria, einem mexikanischen Taco-Lokal, das beste Gemüse meines Lebens.

Die mexikanische Küche kann niemand ernst nehmen, der nur den Nacho-Mampfknatsch kennt, der in Deutschland angeboten wird. Ich war auch noch nie in Mexiko, aber in den USA zumindest ein bisschen näher dran. Jedenfalls bestellte ich dort ohne besondere Erwartungen erstmals eine Sopa Verde de Elote, also eine grüne Maissuppe. Und das war ein kleines Erweckungserlebnis. Die Basis ist eine Brühe aus dem mir bis dahin völlig unbekannten Paprikagewächs Poblano, dessen Geschmack die Wikipedia zutreffend als »rauchig, mit Anklängen von Schokolade oder Lakritz« beschreibt. Das muss man sich mal vorstellen: eine Paprika mit einem derart komplexen Geschmack!

Die Brühe wird mit geschmortem Schweinefleisch, in der Kohle geröstetem Mais, Koriander, Kartoffeln und Sahne angereichert.

Serviert wird der Eintopf mit winzig kleinen Limetten, die man in die Suppe auspresst. Zwei Maischips dazu, fertig. Das alles schmeckt so zwingend gut zusammen, rund, lieblich, aber nicht lahm, es ist die reine Wonne. Ich hatte mich erkundigt, die Suppe würde noch drei Tage auf der Karte stehen. Ich ging noch zwei Mal hin, aß sie mit gleichbleibendem Entzücken und begann, die Paprika fortan ernst zu nehmen und die mexikanische Küche mit ihr.

Wenn eine Paprika nach Speck und Schokolade schmecken kann, dann kann Gemüse alles. Ich bin zwar Allesesser, aber die Gerichte, die mir am längsten in Erinnerung blieben, drehten sich nicht um Fleisch und Fisch, sondern um ein Gemüse, einen Pilz, ein Kraut oder eine Knolle. Und es geht vielen so wie mir.

Eine Begriffsdefinition von Gemüse erspare ich euch, damit ist tatsächlich niemandem geholfen (Tomaten sind »Fruchtgemüse«, Kartoffeln sind »Nutzpflanzen« und Melonen sind Beeren und manche sind allen Ernstes eher Gurken). Ich erkenne ein Gemüse, wenn ich es sehe – und ihr auch. Die Frage ist auch nicht, was Gemüse ist, sondern warum es hierzulande so schlecht behandelt wird. Die Auswahl im Supermarkt ist mau, der Geschmack meist so lala, und auf dem Teller spielt es bestenfalls die Rolle der gesunden Beilage.

Meine Theorie ist die: Gemüse gilt als gesund, und was gesund ist, darf man in Deutschland nicht genießen. Es darf auch nicht zubereitet werden wie etwas, was man mag. Es darf nicht gebraten oder frittiert werden, weil es ja dadurch wieder ungesund wird. (Dass es ebenfalls ungesund ist, Gemüse kaputtzukochen, wird geflissentlich ignoriert, wie der Beilagenmatsch vieler deutscher Kantinen leider belegt.) Deshalb folgt nun ein schamloses Plädoyer dafür, Gemüse nicht wie Gemüse zu behandeln, sondern so, wie man selbst behandelt werden möchte: mit wohlwollendem Interesse, Kreativität – und Fett. (Fett ist Liebe.)

Denn das ist die immerwährende Wahrheit des Kochens und der Grund, warum es im Restaurant besser schmeckt als daheim: Man würde sich niemals trauen, so viel Butter zu nehmen wie die Profis. Aber genau das machen wir jetzt mal. Marcella Hazan beschreibt in dem vielleicht wichtigsten italienischen Kochbuch »Die klassische italienische Küche« eine Tomatensauce für Nudeln, die alles erklärt. Während sich die Fake News hält, an Tomaten müsse immer Zucker, weil sie sonst nach nichts schmecken, sagt uns Signora Hazan, wie es wirklich geht. In ihre Tomatensauce kommen nur drei Zutaten und etwas Salz: eine Dose Dosentomaten (800 Gramm), eine in zwei Hälften geschnittene große Zwiebel – und 75 Gramm Butter. Das alles in einen Topf, die Zwiebelstücke mit der Schnittfläche nach unten, und dann 45 Minuten lang ohne Deckel köcheln lassen. Zwischendrin ein bisschen salzen und etwaige große Tomatenstücke mit einem Kochlöffel zerdrücken. Fertig.

Das Erstaunliche an diesem Rezept ist nicht nur das, was drin ist, sondern auch, was nicht: Kräuter, Olivenöl, Zucker – all das lässt Hazan weg. Vor allem den Zucker, denn der verflacht das Geschmacksprofil der Tomaten, während das Fett es hervorhebt. Wer diese Erkenntnis in andere Gerichte mitnimmt, führt ein besseres Leben: Gemüse braucht Fett. Die Butter sorgt für ein samtiges Bett für die Tomate. Und die subtile Süße erhält die Sauce durch wiederum ein anderes Gemüse, nämlich die Zwiebel (die vor dem Servieren entfernt werden soll, aber so gut schmeckt, dass ich sie separat quasi als Vorspeise esse). Und natürlich schmecken Dosentomaten besser als die meisten hierzulande erhältlichen frischen, unter anderem weil sie dann geerntet werden, wenn sie wirklich reif sind. Und weil Sorten zum Einsatz kommen können, die keine besonderen optischen Qualitäten oder gute Lagerfähigkeit haben, aber dafür richtig nach Tomate schmecken.

Das ist ein Kernproblem moderner Gemüsevermarktung: Supermarktgemüse wird fürs Auge gezüchtet, nicht für den Gaumen. Die Kundschaft verschmäht farbloses, krummes, knorpeliges oder durch den Transport zerdätschtes Gemüse, auch wenn es hundert Mal besser schmeckt. Zumindest für eine Tomatensauce ist man aber mit Dosenware gut bedient. Wenn San-Marzano-Tomaten in der Dose zu bekommen sind, sollte man sie nehmen. (Im Supermarkt ist es Glückssache, aber Metro führt sie und der Online-Handel auch, eine Bestellung bereut man nicht.) San Marzano sul Sarno ist ein Zehntausend-Seelen-Ort ein paar Kilometer östlich des Vesuvs. Dort wachsen die Tomaten am Fuße des berühmten Vulkans auf einem Boden, der zuvor als Lava aus dem Erdinnern gespien wurde. Damit ist jede San-Marzano-Tomate das dramatische Produkt eines epochalen Naturereignisses. Das bitte nicht vergessen, wenn man ein paar Dosen bestellt. Und genau diese Sorte streicht man übrigens in Neapel auf die Pizza, und die Neapolitaner müssen wissen, was sie tun, sie haben die Pizza erfunden.

Wir müssen weg von der Behauptung, Gemüse sei besonders gesund, denn wem soll das nützen? Jedes Kind weiß, dass Gesundes nicht schmeckt, und wer das Gegenteil behauptet, will irgendwas verkaufen. Es ist egal, ob Gemüse gesund ist, Gemüse ist geil. Wenn wir das verstanden haben, können wir endlich Rosenkohl in Hälften schneiden, in einer Mischung aus Olivenöl, Balsamico, Honig, Senf und Chiliflocken wälzen, auf den Grill werfen, bis das ehemalige Oma-Gemüse innen zart und außen krachend knusprig ist, dann Parmesan drüberraspeln und sofort aufessen. Man kann theoretisch noch etwas Pancetta anbraten (kein Fett nötig, ist genug im Speck) und dazugeben. (Ich denke mir das nicht aus, diesen Rosenkohl habe ich mal als Beilage zu einer Pizza bekommen, und warum denn auch nicht!)

Wenn wir verstanden haben, dass Gemüse geil ist, können wir uns trauen, in einem gehobenen Restaurant als Hauptgang den Kohl zu bestellen. Jawohl, den Kohl. Einer der talentiertesten Köche, deren Restaurants ich besuchen durfte, ist Ben Sukle. Er ist berühmt geworden mit der dicken Tranche eines gegrillten Weißkohls, die er als Hauptgang im Restaurant Birch im US-Bundesstaat Rhode Island serviert. Der Rand des Kohls ist schwarz von der Kohle, innen ist er seidig und zart. Zwischen den Blättern befinden sich dünne Schichten einer Creme aus Steckrüben und karamellisiertem Sauerkraut. Obenauf liegt eine Mischung aus gerösteten Samen: Sonnenblumenkerne, Kreuzkümmel, Sesam. Dazu gibt es eine Brühe aus getrockneten Äpfeln, die am Tisch in den Teller gegossen wird. Dieses Gericht hat alles, es mangelt an nichts. Ich war zufrieden wie zuletzt als Kind an Weihnachten – wegen einer Scheibe Kohl.

Der Kochkolumnist der New York Times, Mark Bittman, schrieb schon vor Jahren, dass er auf eine einsame Insel eher eine Aubergine als irgendein Fleisch mitnehmen würde. Dieses flexible Supergemüse ist das Rückgrat so unterschiedlicher Gerichte wie Moussaka (griechischer Auflauf), Caponata (sizilianisches Gemüseragout), Ratatouille (provenzalischer Eintopf), Baba Ghanoush (arabisches Püree mit Sesam), Yu Xiang Qie Zi (geschmorte Szechuan-Auberginen) und dem indischen Baingan Bharta. Wer ein gutes Baingan Bharta (wörtlich einfach »Auberginenpüree«) gegessen hat, begleitet Bittman sofort auf seine Auberginen-Insel.

Während die Rezepte aus der New York Times alle Probleme (erfolgreich) mit Butter lösen, baut der israelisch-britische Starkoch Yotam Ottolenghi sein Imperium auf Olivenöl (und noch mehr Olivenöl). Beide Strategien sind völlig in Ordnung. Ottolenghi aber haben wir die Popularisierung einer Technik zu verdanken, die beim Fleisch schon lange zum Einsatz kommt, aber beim Gemüse bislang nicht: das Confieren. Das bedeutet eigentlich, ein Stück Fleisch in einem Bad aus Öl bei niedriger Temperatur zu schmoren. In das Öl gibt man vorher Kräuter und alles, dessen Aroma man auf das Fleisch übertragen möchte. Der Witz ist, das Confieren funktioniert auch hervorragend mit Gemüse. Der Vorgang dauert ein wenig, braucht aber kaum Aufmerksamkeit, der Backofen macht ja alles alleine. Die Technik ist simpel, aber antiintuitiv, verarbeitet man doch locker einen Liter Olivenöl für ein paar Pilze. Confieren ist aber nicht Frittieren, und das meiste Öl wird man hinterher nicht mitessen, sondern fürs nächste Gericht weiterverwenden. Probiere das mal aus! Das Ergebnis ist ein üppiges, von Aromen durchtränktes Gemüse, das insbesondere beim Champignon wegen seiner fleischigen Konsistenz sofort an ein saftiges Steak denken lässt. Hauptsache, kein Gemüse!

Victor Yorans Vinegret

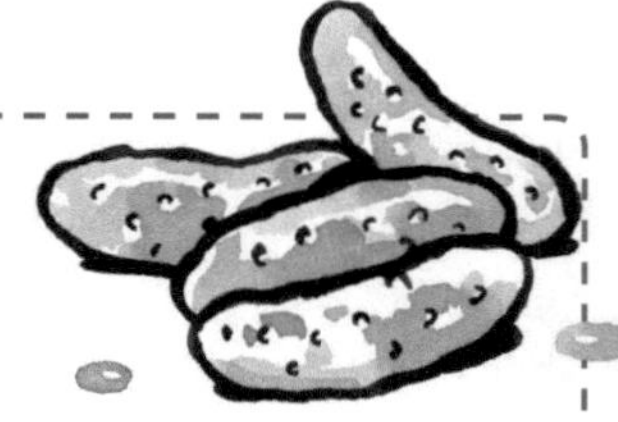

Ein Leibgericht von mir ist *Vinegret*, ein Standard der russischen Küche. Ein lila-roter Kartoffelsalat mit Roter Bete, Äpfeln und Salzgurken.

Salzgurken oder Saure Gurken werden in Salzlake durch Milchsäuregärung haltbar gemacht (ähnlich wie Sauerkraut). Sie schmecken sauer und salzig. Sie brauchen wir für die Vinegret. Essiggurken (auch: Gewürzgurken) hingegen werden in Essig eingelegt und dann pasteurisiert. Sie schmecken süß-sauer. Beide Sorten gibt es im Supermarkt, wobei die Salzgurken östlich des »Salzgurken-Meridians« leichter erhältlich sind (das ist eine Nord-Süd-Achse zwischen Berlin und Wien, aber das ist eine andere Geschichte).

Er ist viel befriedigender, als er sich anhört, und mit etwas Weißbrot (und einem eiskalten Glas Wodka) taugt er auch als einfache (und kalorienarme) Hauptmahlzeit. (Wirklich gute Wodkas muss man nicht kühlen, sagt mein Vater, und jetzt wisst ihr es auch.) Der Salat ist nicht zu verwechseln mit Vinaigrette, der Salatsauce. Vegan ist er auch! Er muss eine Weile im Kühlschrank durchziehen, damit sich die Aromen verbinden, hält sich dann aber zugedeckt drei Tage. Man kann ihn also gut vorbereiten und zu einer Party mitbringen. Es gibt viele Varianten des Vinegret (auch mit Sauerkraut und

Karotten), hier das sehr einfache Rezept meines in Moskau geborenen Vaters, von dem ich weiß, dass es gut ist. Mit den Verhältnissen von Kartoffeln zu Gurken zu Roter Bete zu Apfel kann man nach Belieben herumspielen, also die Mengenangaben nicht zu ernst nehmen.

Zutaten für 10 kleine Portionen:

* 3 mittelgroße mehlig kochende Kartoffeln
* 300 Gramm Salzgurken oder »Saure Gurken« aus dem Glas (Abtropfgewicht), keine Essiggurken
* 400 Gramm Rote Bete aus dem Glas (Abtropfgewicht)
* 1 Zwiebel
* 2 Äpfel, gewaschen
* 2 Esslöffel Sonnenblumenöl (wenn möglich unraffiniert, für den authentischen Geschmack)
* ½ Teelöffel Salz
* (optional:) 1 Esslöffel Weißweinessig
* (optional:) 1 Bund Dill, gewaschen

Zubereitung:

1. In einem Topf Kartoffeln mit kaltem Wasser bedecken und 1 Esslöffel Salz hinzugeben. Dann die Temperatur auf die höchste Stufe stellen und Kartoffeln kochen, 20 bis 30 Minuten oder bis sie sich leicht mit einem Messer einstechen lassen. Schälen und auf Raumtemperatur abkühlen lassen (geht schneller im

Kühlschrank). (Kartoffeln lassen sich leichter schälen, wenn sie schon gekocht sind und sie schmecken besser, wenn man die Schale mitkocht.)

2. Zwiebel schälen und kleinhacken.
3. Wenn du ihn verwendest, Dill klein hacken.
4. Äpfel, Kartoffeln, Zwiebeln, Salzgurken und Rote Bete in gleich große Würfel von etwa einem Zentimeter Kantenlänge schneiden und in eine Schale geben.
5. Sonnenblumenöl (und bei Verwendung Essig) unterheben und Salat salzen.
6. Zugedeckt in den Kühlschrank stellen und mindestens eine Stunde durchziehen lassen, besser noch über Nacht.
7. Zusammen mit Baguette und Wodka servieren.

Der Trick mit der Textur funktioniert

In seiner Videokolumne »Dollase vs. Mensa«, die sich an Leute wendet, die während des Studiums gut und günstig essen wollen, verrät der FAZ-Gastrojournalist Jürgen Dollase eine einfache, aber effektive Technik aus der Spitzenküche: das gleiche Produkt in verschiedenen Texturen. Sein Beispiel: Wenn du Bratkartoffeln machst, nimm ein paar besonders stark gebratene Exemplare beiseite und püriere sie in einer Küchenmaschine, zusammen mit ein bisschen Sahne, Salz und Pfeffer. Zack, hast du ein Sößchen, das du über die Kartoffeln sprenkeln kannst. Schlagartig ist das Gericht ein bisschen interessanter. So ähnlich kann man auch mit Gemüsegurken verfahren. Wenn man zum Beispiel einen Salat macht, nimmt man ein paar Gurkenstücke, püriert sie (keine Sahne nötig) und hat dann eine Basis für ein Dressing. Die Idee ist immer die gleiche: die gleiche Zutat, aber anders zubereitet, im selben Gericht. Das sorgt für Abwechslung (und spannendere Optik).

8. Die besten Getränke, von denen du noch nie gehört hast

Du isst Italienisch, Chinesisch und Türkisch – aber trinkst immer dasselbe? Es gibt ein Leben jenseits von Apfelschorle und Cola light. Hier kommen zehn Getränke zum Entdecken

In moderneren Restaurants ist man in den vergangenen Jahren dazu übergegangen, nicht mehr nur eine Weinbegleitung zum Menü anzubieten – man spricht jetzt von »Getränkebegleitung«. Denn es gibt so viel mehr zu entdecken als bloß guten Wein! Wenn ein Glas Helles zu einem Gang gut passt, ein Sake zu einem anderen und ein sortenreiner Apfelsaft zu einem dritten, dann wird das Gesamterlebnis bunter.

Man muss aber nicht die gehobene Gastronomie besuchen, um mal etwas anderes als Apfelschorle oder Cola light zu trinken. Also nichts gegen Apfelschorle oder Cola light, aber da geht noch mehr. Ich präsentiere euch zehn Lieblingsgetränke. Sie kommen aus Spanien, Japan, Frankreich, Mexiko, den USA, Malaysia und Berlin (!) – und für jedes einzelne verbürge ich mich. Es ist bestimmt auch etwas für deinen Geschmack dabei. Guten Durst!

1. Nitro Cold Brew: *Stickstoff-Kaffee aus dem Zapfhahn*

Als ich 2015 meinen ersten *Nitro Cold Brew* trank, war mir sofort klar: Dieser Kaffee ist das nächste große Ding! Die Farbe, die samtweiche Konsistenz und die Schaumkrone erinnern eher an ein Guinness-Bier als an einen Kaffee. Und süß ist er, obwohl kein Zucker oder Sirup nachgeholfen hat. Was ist da los?

Nitro Cold Brew wurde 2013 in Portland, Oregon, erfunden, zwei Jahre später entdeckte ich ihn in einem kleinen inhabergeführten Café in New England (dessen Porridge-Rezept habe ich bereits für das erste Kapitel des Buches geklaut). Der Chef war sehr zerknirscht, weil alle Gäste nur noch Nitro Cold Brew trinken wollten und er befürchtete, dieses Getränk nun sommers wie winters anbieten zu müssen. Ich fragte, was daran so schlimm sei; er solle sich doch freuen, so einen Knaller im Sortiment zu haben. Er meinte, Nitro Cold Brew sei eindeutig ein Sommergetränk und völlig ungeeignet für andere Jahreszeiten. Wenn man immer alles haben könne, verlören die Dinge ihre Bedeutung.

Dass ich ausgerechnet im Land der unbegrenzten Möglichkeiten, des 24/7-Kapitalismus und der ständigen Verfügbarkeit von allem Zeuge solch konsumkritischer Zerknirschtheit wurde!

Wie dem auch sei: Nitro Cold Brew ist eigentlich kalter Kaffee – aber was für einer! Die Basis bildet das Cold-Brew-Verfahren, bei dem Kaffeepulver bis zu vierundzwanzig Stunden in kaltem weichem Wasser ziehen darf. Jetzt kommt das *Nitro* ins Spiel, was die Abkürzung für *Nitrogen*, also Stickstoff ist.

Mit ihm wird der Kaffee vor dem Servieren versetzt, was ihm eine cremige, schaumige Konsistenz verleiht und ihn süßer macht.

Da Nitro Cold Brew wie Bier gezapft wird, ist es schwierig (wenn auch nicht unmöglich), ihn daheim herzustellen. Wie regulärer Cold Brew auch enthält die Stickstoffvariante sehr viel Koffein, ich bekomme schon zittrige Hände, wenn ich nur daran denke.

Wenn ihr ein Café der dritten Welle (siehe Kapitel 2) in der Nähe habt, probiert den Nitro Cold Brew aus. Wenn es nach mir geht, müsst ihr damit auch nicht bis zum nächsten Sommer warten.

2. Horchata: *mexikanischer Milchreis zum Trinken – auf Wunsch mit Espresso*

Eine *Horchata* ist in der spanischsprachigen Welt ein Getränk aus pürierten Früchten, gestampften Samen, Nüssen oder Reis. Die Horchata kann kalt oder heiß getrunken werden und ist eigentlich eine ganze Mahlzeit. In Mexiko wird die geläufigste Variante aus Reis hergestellt und ist quasi ein Milchreis zum Trinken. Horchata wird schnell schlecht, also immer frisch zubereiten, gekühlt aufbewahren und innerhalb von zwei Tagen verbrauchen; zum Glück ist es nicht schwierig, aber man muss eine Nacht zum Einweichen einplanen:

Du brauchst für etwa einen Liter: 110 Gramm weißen Langkornreis, 100 Milliliter gesüßte Kondensmilch, 1/2 Teelöffel gemahlene Muskatnuss, 1/2 Teelöffel gemahlenen Zimt und 1 Liter gekühlte Vollmilch.

Und so gehts: Weiche den Reis in 150 Milliliter Wasser in einem geschlossenen Behältnis bei Zimmertemperatur mindestens acht Stunden ein, zum Beispiel über Nacht. Bereite am Abend vorher schon Eiswürfel vor. Nach dem Einweichen gib den Reis und die Flüssigkeit in einen Mixer (oder nimm einen Pürierstab) und zerkleinere alles, bis der Reis ganz fein gemahlen ist, das kann 3 Minuten dauern. Falls du deinem Mixer nicht traust, mache zwischendurch einige Pausen, damit der Motor nicht überhitzt. Füge dann die Kondensmilch, den Zimt und die Muskatnuss hinzu und mixe weiter. Gieße anschließend die Mischung in eine Kanne und gib die Vollmilch hinzu. Serviere deine Horchata auf Eiswürfeln und gib noch etwas Zimtpulver darauf.

Wen das nicht überzeugt hat, dem kann geholfen werden: Die unwiderstehliche Premiumversion heißt *Horchata con espresso*, *Horchata Latte* oder *Dirty Horchata*. Du machst alles wie oben beschrieben, gibst dann aber noch ein oder zwei Tässchen Espresso ins Glas. Nach einem Glas Dirty Horchata ist man wach, satt und glücklich.

3. Taro-Tee: *gediegener Bubble Tea aus der lila Wurzel*

Der Bubble-Tea-Hype ist vorbei, die an jeder Ecke aufgeploppten Shops sind verschwunden – geblieben ist die Taiwanesische Bubble-Tea-Kette Comebuy, die weltweit rund dreihundert Filialen betreibt. Wenn der Sommer zu Ende geht und sich die Möglichkeit ergibt, solltet ihr dorthin oder in einen anderen guten Bubble-Tea-Laden gehen und Taro-Tee ausprobieren.

Er wird aus der lilafarbenen Knolle der gleichnamigen Pflanze gewonnen und mit Milch getrunken. Taro kann man sich wie eine Art Süßkartoffel vorstellen, sie hat einen lieblichen Geschmack nach Nüssen und Vanille und wird zum Beispiel in Malaysia seit Jahrtausenden angebaut. Der Tee wird wie andere Bubble-Teas auch mit glubschigen Tapiokaperlen serviert, die man durch einen Strohhalm mit großem Durchmesser aufsaugt. Wer den Hype verpasst hat, sollte wenigstens Taro nachholen. Wenn du weißt, wie viel Kalorien ein Becher hat, trinkst du ihn falsch.

4. Ramune: *japanische Limo mit Glasmurmel*

Es gab eine Zeit, da hieß Limonade in Deutschland Knickerwasser. Das war die Zeit vor den Kronkorken und Bügelverschlüssen, als Flaschen mit kohlesäurehaltigen Getränken noch mit Glaskugeln verschlossen wurden. Ja, wirklich!

Es klingt absurd kompliziert, aber die Murmeln wurden durch den Druck in der Flasche von unten gegen einen Gummiring im

Flaschenhals gepresst. Und Knicker ist einfach ein anderes Wort für Murmel. Man öffnet solche Flaschen, indem man mit ziemlich viel Gewalt (und womöglich einem Werkzeug) die Kugel in die Flasche drückt, wo sie dann von dem strategisch verengten Hals aufgefangen wird. Es ist ein kurioser Mechanismus, der kindliche Neugier weckt: Wie funktioniert das alles? Warum stört die Kugel nicht beim Trinken? Bekomme ich die Kugel aus der Flasche?

Wer sich fragt, wie und wo man dieses Erlebnis aus einer anderen Zeit heute nacherleben kann: In manchen japanischen Lokalen, aber auch im Online-Handel gibt es Ramune, eine Limonade, die heute noch in einer Flasche mit Glaskugelverschluss abgefüllt wird. Fragt mich nicht, wie sie schmeckt, ich glaube ganz gut, aber es ist wirklich völlig schnuppe.

Auf dem Kugelverschluss ist bei Ramune ein Plastikstopfen mit Schrumpffolie festgemacht. (Schrumpffolie ist eine Plastikfolie, die sich unter Hitze zusammenzieht, um Artikel passgenau zu verpacken.) Diese muss man erstmal abziehen und dann mit dem Stopfen die Kugel in die Flasche drücken. Es ist anstrengend und sehr aufregend! Erwähnte ich den apart geformten Flaschenhals, der die Kugel auffängt? Ich glaube, ja. Ich weiß es nicht mehr. Allein der Gedanke an die Flasche vernebelt mir die Birne, vielleicht habe ich deshalb den Geschmack der Limo vergessen; es ist Zuckerwasser mit Aroma, aber eben aus einer sehr anderen Zeit, von einem sehr anderen Ort. Bitte probiert es aus. Wie kriege ich die Kugel aus der Flasche?

5. Schneeeule: *Bier mit historischen Hefen – aus der Eine-Frau-Brauerei*

Die Brauerin Ulrike Genz aus dem Berliner Wedding extrahiert die Hefe aus bis zu fünfzig Jahre alten Berliner-Weisse-Flaschen und reanimiert sie. Damit will sie dem historischen Geschmack der Berliner Weisse möglichst nah kommen. Dabei schoss sie aber so weit über ihr ursprüngliches Ziel hinaus, dass ihre Biere nun im Sternelokal Nobelhart und Schmutzig ausgeschenkt werden.

Genz' Berliner Weisse ist so gut, dass sie nicht mit Sirup gepanscht werden muss – wer es aber dennoch ein bisschen süßer mag, dem sei die »Yasmin Schneeeule« empfohlen, eine Variante mit Jasminblüten. Auch dank der zugegebenen Milchsäurebakterien entsteht ein perlendes, blumiges, durch und durch erfreuliches Sommerbier bei fast vernachlässigbaren drei Prozent Alkohol. Ulrike Genz' gleichermaßen gut gelauntem wie gediegenem Bier verdanke (nicht nur) ich gut gelaunte Sommerstunden (nicht nur) auf Berliner Dächern. Gebt dieser Berliner Weisse eine Chance! (Die Nicht-Berliner:innen bestellen zum Beispiel online.)

6. Alaska Cocktail: *Hunderte Jahre Tradition – und sehr (sehr!) viel Alkohol*

Der »Alaska« stammt vermutlich aus South Carolina und ist einer dieser rund hundert Jahre alten Cocktails, die schon zur Zeit der Prohibition getrunken wurden. Seine Zutaten sind noch bedeutend älter: Zum Einsatz kommen neben Gin (erstmals dokumentiert Mitte des 17. Jahrhunderts) und Orangenbitter (wohl in 1880ern erfunden) der französische Kräuterlikör *Chartreuse jaune*. Das von Mönchen des Kartäuserordens seit 1737 hergestellte Elixier nach einem Rezept von 1605 hat einen Alkoholgehalt von sagenhaften 69 Prozent und wird heute noch angeblich unverändert hergestellt. (Man kann es online kaufen.)

Der Legende nach kennen zu jeder Zeit immer nur zwei Mönche die genaue Zusammensetzung des Chartreuse – bis heute. Die Likörversion des Chartreuse-Elixiers hat einen geringfügig sozialverträglicheren Alkoholgehalt von 55 Prozent, ist knallgrün und in gut sortierten Bars zu haben. Seltener ist die gelbe Version des *Chartreuse jaune* mit 40 Prozent zu finden, die milder und süßer schmeckt, aber genau die braucht man für den Alaska Cocktail.

Er ist eine Variante des Martini-Cocktails, bestehend aus Gin und französischem Wermut (nicht zu verwechseln mit der Wermut-Marke Martini). Er ist aber weniger trocken, also etwas süßer. Wie die meisten der klassischen Cocktails besteht er aus Alkohol, der mit Alkohol verdünnt wird. Er haut also unfassbar rein, ist aber gleichzeitig von einer betörenden Klarheit, so wie man sich die Luft in Alaska vorstellt: kalt, schneidend, völlig rein. Ein Drink für die Ewigkeit.

Die Proportionen in diesem Rezept stammen von den Bar-Fachleuten des Mixology-Magazins: 5,5 Zentiliter Gin, 0,8 Zentiliter gelben Chartreuse und 0,2 Zentiliter Orangenbitter mit Eiswürfeln in ein Rührglas geben und kaltrühren. Dann in eine gekühlte Cocktailschale abseihen. Abschließend mit einer Orangenzeste garnieren. Oder du gehst in eine richtig gute Bar und probierst ihn dort erstmal aus. Aber notiere dir vorher, wo du wohnst.

7. Priorat: *der schwarze Drama-Rotwein aus der undankbarsten Region*

Die katalanische Region Priorat ist felsig und karg, die Schieferböden sind nährstoffarm und ihre teils steilen Hänge furchtbar rutschig. Dennoch wird in dieser gottverlassenen Gegend seit dem 12. Jahrhundert Wein angebaut. Ein Grund dafür ist der vulkanische Boden, in dem sich Glimmerplättchen befinden. Dieses glänzende Mineral reflektiert nicht nur Sonnenlicht, sondern hält die Hitze auch im Boden.

Das Schiefergestein ist einer der Gründe, warum Weinbauer:innen diesem Flecken Erde seit Jahrhunderten einige wenige Trauben abringen, die sie zu dramatischen, hoch alkoholischen, kirschroten, fast schwarzen Rotweinen verarbeiten. (Es gibt auch einige wenige Weißweine aus dem Priorat.) Und wie auch beim Likör Chartreuse sind hier die Kartäusermönche die Begründer der Tradition. Das 1163 gegründete Kloster gab der Region ihren Namen und die Kartäuser waren es, die den Weinbau in die gebirgige Gegend brachten. Heute ist das Priorat neben dem Rioja die einzige spanische Region, die die höchste Herkunftsbezeichnung DOCa (Denominación de Origen Calificada, also »qualifizierte Herkunftsbezeichnung«) tragen darf.

So mühselig der Weinbau im Priorat ist, so wenig wirtschaftlich ist er auch. Der Ertrag mancher Priorat-Weinbauer:innen liegt bei gerade mal 500 Litern pro Hektar (10.000 Quadratmeter). In Deutschland wird auf der gleichen Fläche die bis zu sechzehnfache Menge Wein gewonnen. Auf den teils sehr eng bepflanzten Weinbergen kann oft nur mit dem Maultier oder dem Pferd geerntet werden, der Einsatz von Maschinen verbietet sich.

Der hohe manuelle Aufwand und die niedrige Ausbeute machen die Weine vergleichsweise teuer. (Wenn man Glück hat, kann man aber sogar bei Lidl eine einfache Flasche für rund zehn Euro finden.)

Die Weine haben eine reiche, tiefe, warme Nase, sie schmecken nach dunklen Waldbeeren und Rauch, die Gerbstoffe sind deutlich vernehmbar, aber werden durch die süße Frucht eingefangen. Und falls dieser Weinslang eurer Vorstellungskraft nicht hilft: macht nichts. Sucht euch einfach einen besonderen Tag aus, wenn ihr eure erste Flasche Priorat öffnet, denn den vergesst ihr nicht.

8. Café gourmand: *Fast Food für Gourmets*

Wer einmal in Belgien in ein Restaurant oder Café gegangen ist, dem dürfte aufgefallen sein, dass man dort außerstande ist, einen Kaffee zu machen. Also, einfach nur einen Kaffee. Wenn man einen bestellt, bekommt man eigentlich immer eine kleine Süßigkeit dazu, oft nicht nur einen eingeschweißten Keks, sondern eine Praline oder ein Petit Four, ein kleines Feingebäck.

Die verschärfte Variante dieser Tradition ist der *Café gourmand*. Das ist ein Set aus einem Espresso und einer ganzen Auswahl an Süßigkeiten. Objektiv betrachtet natürlich eine hervorragende Idee. Vor allem, weil man keine Wahl treffen muss; die Küche entscheidet, was der Gast bekommt. Was für eine Erleichterung! Und da es gerne mal drei oder mehr verschiedene Kleinigkeiten sind, kann man sich durchprobieren und macht dabei Entdeckungen, die man vielleicht nie bestellt hätte: Es können

Miniatur-Tartes mit Obst dabei sein, Macarons, etwas Mousse au Chocolat, Pralinen, sogar eine klitzekleine Crème brûlée habe ich schon gesehen. (Jede dieser zivilisatorischen Glanzleistungen verdient einen eigenen Text, mindestens!)

Witzigerweise ist der »Kaffee für Gourmets« eine Pariser Fast-Food-Interpretation. Weil selbst in Frankreich in den vergangenen Jahrzehnten die Mittagspausen kürzer wurden, fassten Restaurants kurzerhand das Dessert und den Kaffee zu einem Gang zusammen, et voilà: Café gourmand! Und wie so oft wäre das, was in Frankreich als Downgrade empfunden wird, hierzulande noch ein Upgrade: Wie oft habe ich in deutschen Restaurants gefragt, ob ich zum Kaffee einen Keks, eine Praline, irgendwas Süßes bekommen könnte und wie oft wurde ich dabei angeguckt, als hätte ich völlig den Verstand verloren. Hatte ich nicht, ich hatte nur schon mal in Belgien Kaffee bestellt.

9. Yuzu-Tee: *kalt und warm aus der asiatischen Nobelzitrone*

Eine schnelle Möglichkeit, Limonade selber herzustellen, ist die Verwendung eines fertig zubereiteten Gelees. Hier bietet sich *Yuzu* an. In asiatischen Supermärkten gibt es das goldglänzende Gelee im Glas, im Onlinehandel sowieso. Es besteht aus Zucker und eingekochten Yuzu-Früchten, die die eleganteren Schwestern der Zitronen sind. Sie sind viel größer als Zitronen, haben aber riesige Kerne und eine sehr dicke Schale, weshalb sie nicht sehr ergiebig sind. Sie schmecken ein bisschen nach Limette und ein bisschen nach Mandarine, bitter, aber nicht so sauer wie Zitronen. Yuzu sind sehr gut. Ihr Gelee lässt sich einfach als Marmelade verwenden oder in warmem oder sogar kaltem Wasser auflösen. So bekommt man einen süßen Yuzu-Tee – oder eben eine Yuzu-Limonade.

Obacht: Es ist Fruchtfleisch und etwas Schale enthalten, und das Ergebnis ist trüber, als man es von Industrie-Limos gewohnt ist, aber das ist genau richtig so. Es ist sehr zu empfehlen, immer ein Glas Yuzu-Gelee zu Hause zu haben, weil es sich ewig hält und so vielseitig ist. Und den *Arnold Palmer* (aus dem nächsten Abschnitt) macht man damit im Handumdrehen.

10. Arnold Palmer: *der stilvolle Energydrink, den man selber machen kann*

Meinen ersten *Arnold Palmer* trank ich in Ellie's Bakery, einem putzigen Café in meiner US-Wahlheimat Providence (Rhode Island). Ich hatte gerade gelernt, dass das deutsche Lehnwort Limonade eine Verwässerung des Ursprungsbegriffs ist: Das, was wir Limonade nennen, heißt im Englischen *soft drink* oder *soda*. *Lemonade* steht im Englischen ausschließlich für ein gesüßtes, kaltes Getränk aus *lemons*, also Zitronen (und stillem Wasser).

So macht man *lemonade*: Zitronen auspressen bis man eine Tasse Saft hat. Sechs Tassen Wasser in einem Topf zum Kochen bringen, Topf von der Kochstelle nehmen und dann Fruchtfleisch und Zitronenschalen darin einweichen. Nach 10 Minuten die Flüssigkeit durch ein Sieb geben. Eine Tasse Zucker und eine Tasse Wasser in einem kleinen separaten Topf zu einem Sirup verkochen. Schließlich den Zitronensaft und die abgeseihte Flüssigkeit zusammengießen und im Kühlschrank kaltstellen.

Der New-York-Times-Rezeptautor Mark Bittman schreibt, dass sich der so zubereitete Fruchtsaft und der Sirup im Kühlschrank mehrere Tage halten. Jetzt ist ein guter Zeitpunkt, Eiswürfel vorzubereiten. Erst kurz vor dem Servieren werden sie mit dem Fruchtsaft und dem Sirup in Gläser gegeben, was den großen Vorteil hat, dass man die Süße der Limo der Süße der Gäste anpassen kann. Limonade ist nicht *one size fits all.*

Auf den Golfer Arnold Palmer geht nun ein nichtalkoholischer Drink zurück, um den es hier eigentlich gehen soll: Eine Mischung aus selbstgemachter Limonade und gekühltem Schwarztee, wenn möglich Oolong, aber das ist nicht so entscheidend. Also einfach schwarzen Tee brühen und dann abkühlen lassen. Der Umwelt zuliebe nicht den knallheißen Tee gleich in den Kühlschrank stellen, sondern sich ein bisschen Zeit nehmen und ihn dann bei Raumtemperatur im Kühlschrank weiter runterkühlen. Schließlich den Tee mit der Limonade mischen, ich würde vorschlagen im Verhältnis 2:1, aber oft erhält man den Arnold Palmer auch in einem 1:1-Verhältnis, was ihn dann süßer macht – Geschmackssache!

Zum Schluss steht ein Getränk auf dem Tisch, das alles bietet, was man braucht, um glücklich und vor allem wach zu sein: Zucker, Säure, Koffein, Eis. Der Arnold Palmer ist ein runder Bums, ein Energydrink mit Stil, den man leicht selber machen kann. Ich habe viele Nachmittage mit Palmers Erfindung zugebracht und es ist mir ein Rätsel, wieso es ihn hierzulande nicht an jeder Ecke gibt. *Try it now and thank me later!*

Als ich bei Ellie's einmal einen Kaffee bestellte, fragte mich die Mitarbeiterin: »*Whole milk or low fat?*« Vollmilch oder Halbfett? Sie bemerkte mein Zögern und empfahl dann: »Nehmen Sie Vollmilch. Stellen Sie sich vor, Sie werden gleich vom Bus überfahren und das Letzte, was Sie getrunken haben, war Kaffee mit Halbfettmilch.« Das hat mich überzeugt. Leider gibt es auch Cafés wie das Ellie's nicht an jeder Ecke.

Wie du mit deinem Handy und etwas Statistik gute Lokale findest

Die Beantwortung der Frage, in welches Restaurant es sich zu gehen lohnt, ist eine gigantische Branche für sich. Guide Michelin, Foodblogger, Gastrokritiker, sie alle wollen nicht nur, dass du in die besten Lokale gehst, sie wollen vor allem einen Reinfall verhindern. Es ist unmöglich, allgemeingültige, faire und praktikable Faustregeln für das Erkennen guter Lokale aufzuschreiben. Aber man kann sich an die Empfehlungen bisheriger Besucher:innen halten – wenn man weiß, wie. Hier ein überraschend gut funktionierender Tipp:

1. Besorge dir die Apps TripAdvisor und Yelp.

2. Wenn du in einer Gegend mit wenigen Restaurants bist (zum Beispiel in einer Kleinstadt), halte dich an die Lokale mit mindestens 4,5 von 5 Punkten bzw. Sternen.

3. Wenn du in einer Großstadt mit sehr vielen Restaurants bist, kannst du die Toleranzschwelle auf mindestens 4,0 Punkte absenken und wirst immer noch zufrieden sein. Der Grund liegt darin, dass an Orten wie Berlin und Paris mehr Zugereiste die Restaurants bewerten als in Klein-

städten und Dörfern. Diese Gäste haben also schon mehr und mehr Verschiedenes gegessen und daher einen besseren Vergleich. Das zieht einerseits den Bewertungsschnitt nach unten, weil diese Leute nicht mehr so leicht zu befriedigen sind. Es sorgt aber zugleich dafür, dass die wenigen Lokale, die eine Bewertung von 4,5 oder mehr erhalten, wirklich bemerkenswert sind.

4. Meide generell alle Restaurants, die weniger als 4,0 Punkte/ Sterne erhalten haben. Wenn es da, wo du bist, keine gibt, packe das nächste Mal ein Sandwich und eine Flasche Wein mit Schraubverschluss ein, damit wirst du sicherlich mehr Spaß haben (und weniger ausgeben).

Bonustipp: Wenn du von jemandem, den du nicht gut kennst, eine dringende Empfehlung für ein Restaurant bekommst, frage die Person nach ein paar Lokalen, die sie schlecht findet. Falls sie dir keine nennen kann, ist die Empfehlung vermutlich nicht viel wert, denn du bist an einen Allesmöger geraten. Diese Menschen essen einfach gerne und zwar alles. Weshalb sie zwar nicht als Empfehlungsquelle taugen, aber dennoch glücklich sind.

9. Alles schmeckt besser mit Café-de-Paris-Butter

Wer keine Butter mag, muss jetzt stark sein. Denn in diesem Kapitel erzähle ich euch von einer besonders berühmten – und zeige, wie ihr sie selbst machen könnt

Ein besorgter Leser meiner Krautreporter-Genusskolumne schrieb mir mal: »Das Wort Butter kommt achtzehnmal und gefühlt in jedem zweiten Rezept vor, wer hat denn so viel Butter zuhause, wenn nicht zufällig gerade Kuchen gebacken wird?«

Die Frage ist meiner Meinung nach unzulässig, weil jemand, der nur deshalb Butter daheim hat, weil »zufällig gerade Kuchen gebacken wird« (verräterisches Passiv!), nicht nur gar nicht selber backt, sondern Butter offenbar als Fremdkörper in der Küche begreift. Wer keine Butter oder Butter nur zufällig da hat, leidet entweder unter einer bedauernswerten Nahrungsmittelunverträglichkeit, verwendet ein gutes Ersatzprodukt (zum Beispiel das schon erwähnte vegane Streichfett von Naturli, das erstaunlich oft auch funktioniert, aber natürlich, machen wir uns nichts vor, keine Butter ist) oder denkt einfach aus nichtigen Gründen schlecht über Butter. Jedenfalls fand ich mich nach jenem Artikel in einer unerwarteten Butterrechtfertigungssituation wieder, was für mich nur wenig abwegiger ist, als meinen Sauerstoffverbrauch begründen zu müssen.

Ich schrieb es bereits: Im Restaurant schmeckt es besser als daheim, weil man sich nie trauen würde, so viel Butter zu nehmen wie die

Profis. Wer also nur zufällig Butter zu Hause hat, dem wünsche ich für das Folgende ganz besonders starke Nerven, denn diesmal gibt es nicht nur Rezepte mit Butter, sondern sogar eines für Butter.

Mein Interesse für Butter weckte das Feinkostgeschäft Zarges auf der »Freßgass« in Frankfurt am Main, wo man mich in den Kaninchenbau der Lebensmittelverfeinerung gelockt hatte – mit eigentlich ganz einfachen Produkten! Einmal empfahl man mir dort ein Butterbrot mit Apfelsaft. Der Saft war sortenrein und das Brot war Soester Pumpernickel, aus Deutschlands ältester Pumpernickelbäckerei, wo das Brot sage und schreibe 24 Stunden gebacken wird. Die Scheiben werden, mit Pergamentpapier separiert, in mit Frakturschrift bedruckten Dosen ausgeliefert.

Kurzer Apfelsaft-Exkurs: Der Obsthof Reisinger aus der Wachau in Österreich bietet Saft nur aus der Sorte Cox Orange an und wer ihn trinkt, merkt sofort, dass die Verschnitte, die man normalerweise bekommt, dem Apfel und dem ganzen Genre Apfelsaft unrecht tun. Es ist, als würde man Wein trinken, in dem einfach irgendwelche Trauben drin sind. Man würde seinen Gästen ein Glas »Wein« hinstellen und die Gäste würden sagen: »Oh, ein Wein aus irgendwelchen Trauben, für die ich mich wirklich überhaupt nicht interessiere«, und alle wären glücklich und zufrieden.

Und jetzt geht‘s endlich um die Butter: Man empfahl mir eine französische Marke aus der Bretagne mit Fleur de Sel, der Salzblume. Dieses besondere Salz bildet sich an heißen und windstillen Tagen an der Wasseroberfläche von Binnengewässern oder Meeren und wird von Hand mit einem Spezialwerkzeug, der *lousse à fleur*, abgeschöpft. Oder, etwas blumiger formuliert: gepflückt. Das Salz ist ganz weiß und seine Struktur erinnert an Blüten (daher der Name).

Es schmeckt überraschenderweise etwas nach Veilchen. Mittlerweile führen sogar manche Discounter Fleur de Sel oder sein spanisches Pendant Flor de Sal. Man benutzt es nicht zum Kochen, dafür ist es viel zu gut. Es kommt erst ganz am Ende auf das Gericht. Oder eben in die Butter, die durch die Salzblume einen deutlich salzigen Crunch bekommt, der zum Beispiel sehr gut mit dichtem, weichem, süßem Pumpernickel kontrastiert. Dazu ein süßes Glas Apfelsaft aus Cox Orange und man hat eine einfache Mahlzeit, an der man nichts verbessern kann. Mit so einem Butterbrot kann man den lieben Gott eine gute Frau sein lassen.

Aber wie wäre es, selber ein bisschen Gott zu spielen und eine Butter herzustellen, die aus einem normalen Stück Steak eine Sensation macht, die man aber auch gut einfach auf Baguette essen oder auf eine Frittata geben kann? Es geht um eine sagenumwobene Butter, deren genaues Rezept unbekannt und deren Name so irreführend ist, dass man sie vielleicht gar nicht erst bestellt, wenn man sie auf einem Menü findet.

Die Rede ist von Café-de-Paris-Butter, einer magischen Mischung aus Butter und über einem Dutzend Zutaten. Sie vereint die Lieblichkeit von Kräutern, die Schärfe von frisch gehacktem Knoblauch, Senf und Schalotten, eine leichte Zitronensäure mit der Süße von Cognac. All das grundiert mit der Wärme von Curry- und Paprikapulver. Und damit sind bei Weitem nicht alle Zutaten aufgezählt.

In der Butter ist jedoch kein Kaffee, wie der Name womöglich vermuten lässt. Aus Paris stammt sie auch nicht. Erfunden wurde sie in den 1930er Jahren im Genfer Restaurant »Du Coq d'Or«.

Die Tochter des Hauses heiratete damals den Eigentümer des »Café de Paris«, und so kam die Butter zu ihrem Namen. Das Café de Paris gibt es immer noch und es gibt dort immer noch nur ein einziges warmes Gericht: Entrecote mit Café-de-Paris-Butter und *Pommes allumettes* (Kartoffelstroh, sehr dünne Pommes Frites), dazu grünen Salat. Der Laden sieht aus wie eine Kantine, ist immer rappelvoll und man muss, weil die Schweiz eine begehbare Minibar ist, 40 Franken (etwa 38 Euro) dalassen.

Man kann aber Café-de-Paris-Butter selber machen und weil außer einer Küche in Genf niemand weiß, wie man die magische Butter macht, führen viele Wege zum Ziel. Wenn man sie im Restaurant bestellt, ist sie meist grün. Keine Zutat soll dominieren, auch und erst recht nicht die Butter selbst. Man findet eine Unzahl an Rezepten, aber einige Zutaten tauchen in praktisch allen Varianten auf (jetzt bitte tief Luft holen): Schalotten, Estragon, Knoblauch, Sardellen, Kapern, Zitronensaft, Cognac oder Madeira, Worcestershiresauce, Paprikapulver, Senf und Salz. Manchmal taucht gehackte Petersilie auf, oft Currypulver, auch mal Thymian.

In dem klassisch französischen Grand Café St. Germain am Berliner Savignyplatz bekam ich letztes Jahr einmal eine *rote* Café-de-Paris-Butter. Es war offensichtlich Tomatenmark eingebaut worden. Eine unorthodoxe, aber gute Idee, die ich mir sofort zu eigen machen und mit euch teilen möchte.

Ich habe verschiedene Varianten der Zauberbutter nachgekocht, um Geschmack, Farbe und Konsistenz so wie gewünscht hinzubekommen. Im ersten Versuch schmeckte die Butter viel zu sehr nach Butter. Das soll nicht passieren. Im zweiten Versuch war sie zu sauer, im dritten schmeckte sie dann irgendwie flach und egal.

Hier präsentiere ich nun ein Rezept, mit dem man arbeiten kann. Es weicht an einigen Stellen von dem ab, was vermutlich das Original ausmacht; wie gesagt ist in meiner Variante Tomatenmark drin, dafür verzichte ich auf Kapern. Die kann man auch noch anders in ein Gericht bringen, nämlich frittiert (dazu später mehr). Und die Petersilie, die eh nur wegen der Farbe drin ist, lasse ich auch weg (man sieht ihr Grün wegen des Tomatenmarks sowieso nicht). Dafür kommt etwas mehr Estragon rein, das Kraut, das so mystisch klingt, wie es schmeckt. Die Zubereitung besteht dann nur noch darin, alles gut miteinander zu vermengen.

Das klingt einfacher, als es ist, zugegeben. Denn wenn man einfach alle Zutaten zusammenrührt (wie es etliche Rezepte im Internet empfehlen), dann verbinden sie sich nur scheinbar gut miteinander. Holt man die vorbereitete Butter dann am Tag nach der Zubereitung wieder aus dem Kühlschrank, bleibt sie auch bei Raumtemperatur krümelig und schlecht streichbar (ich habe es ausprobiert, damit du es nicht musst).

Mit diesem Problem wandte ich mich an Tomek Wranik, den Küchenchef des Private Roof Club in Berlin. Tomek hat in den Küchen mehrerer Sterne-Restaurants gearbeitet und muss wissen, wie man diese Butter macht.

Da es darum geht, wasserbasierte Zutaten mit Fett gegen ihren Willen zusammenzubringen, müssen wir emulgieren. Im Gegensatz zur Lebensmittelindustrie helfen wir aber nicht mit dem gängigen Emulgator Sojalecithin nach, sondern machen es handwerklich. Dazu muss man die Butter zuerst sehr weich werden lassen. Man kann sie auf die Heizung stellen, um nachzuhelfen. Tomeks Tipp: Zuerst die wasserbasierten Zutaten (Tomatenmark, Zitronensaft, Cognac oder Sherry, Worcestershiresauce und Senf) löffelweise (!) in die Butter quirlen. (Die Methode ähnelt der Herstellung von Mayonnaise, die ja auch eine Emulsion ist.) Erst dann langsam die restlichen Zutaten hinzugeben.

Falls du die Anschaffung all dieser Zutaten scheust, kann ich dich beruhigen. Nicht nur sind die meisten sehr gut sehr lange haltbar. Sondern alle, wirklich alle Zutaten für Café-de-Paris-Butter kann man für eine erfreuliche Anzahl anderer Gerichte gut gebrauchen:

- Tomatenmark, Sardellen (oder Anchovis) und Schalotten sind die Basis des berühmten Nudelgerichts mit karamellisierten Schalotten #thepasta von Alison Roman.
- Schalotten (oder rote Zwiebeln) kann man gut mit Frischkäse (wie Philadelphia) vermischen und mit Kapern auf Bagels (oder Toast) essen, oder man vermengt sie mit kleingehacktem Fisch und Senf zu Fischrillette.
- Estragon macht sich hervorragend in Stampfkartoffeln.
- Dijonsenf kann man mit Mayonnaise mischen. Das ergibt einen tollen Dip für Pommes frites (und die Basis für ein Dressing, von dem deine Gäste immer mehr werden haben wollen).
- Worcestershiresauce vermengt mit Sahnemeerrettich ist eine perfekte Sauce für Roastbeef.
- Cognac, Madeira oder Sherry kann man einfach so trinken oder benutzen, um gedünsteten Blattspinat abzulöschen.

Damit sollten nun auch die letzten Bedenken ausgeräumt sein. Frohes Kochen!

Rote Café-de-Paris-Butter

Zutaten für 100 Gramm Butter:

* 100 Gramm ungesalzene Butter (wenn nicht draufsteht, ob es Süß- oder Sauerrahmbutter ist, ist es die richtige). Mischprodukte mit Rapsöl (z.B. Arla Kaergarden oder Kerrygold Extra) funktionieren auch. Als vegane Option bietet sich das vegane Streichfett von Naturli an. Wenn das Fett schon gesalzen ist, kein weiteres Salz hinzugeben.
* 2 Teelöffel Tomatenmark
* 2 Esslöffel Schalotten, fein gehackt
* 3 Teelöffel Estragon, fein gehackt (getrockneter ist okay, denn frischen findet man nicht so leicht)
* 1 Teelöffel Thymian
* 1 Knoblauchzehe, fein gehackt
* 3 Sardellenfilets, fein gehackt (oder 1 Teelöffel Fischpaste, vegane Alternative: 1 Esslöffel Kapern)
* ½ Teelöffel Zitronensaft
* 2 Esslöffel Cognac oder Sherry
* 1 Teelöffel Worcestershiresauce (vegane Alternative: 1 Teelöffel »No-Fish«-Algensauce)
* 1 Teelöffel Paprikapulver edelsüß (nicht scharf)
* ½ Teelöffel Currypulver mild
* 1 Teelöffel Dijonsenf
* 1 Teelöffel Salz (nur wenn die Butter ungesalzen ist)

Zubereitung:

1. Alle Zutaten zimmerwarm werden lassen.
2. Thymianblättchen von den Zweigen entfernen und Schalotten, Knoblauch, Thymian und Sardellenfilets sehr fein hacken.
3. Butter in eine Schüssel geben und mit Handmixer, Schneebesen oder in einer Küchenmaschine cremig rühren, dann wasserhaltige Zutaten (Tomatenmark, Zitronensaft, Cognac oder Sherry, Senf) unter weiterem Rühren löffelweise hinzugeben.
4. Alle verbleibenden Zutaten vorsichtig unterheben und gründlich verrühren
5. Rote Café-de-Paris-Butter entweder in ein verschließbares Gefäß geben oder auf Klarsichtfolie zu einer ca. 20 Zentimenter langen Rolle formen. In den Kühlschrank stellen. Dort sollte sich die Butter etwa zwei Wochen halten (sie wird schneller weg sein).

Tipps zum Abschmecken:

Das kannst du tun, falls es nicht auf Anhieb super schmeckt:

- Wenn die Butter zu sauer ist, hilft teelöffelweise Tomatenmark.
- Wenn sie flach und lahm schmeckt, teelöffelweise mehr Estragon und Thymian hinzugeben.
- Wenn die Schalotten zu scharf rausschmecken, esslöffelweise Sherry oder Cognac hinzugeben.
- Außerdem beim Abschmecken daran denken, dass man diese Butter ja nie pur essen wird, sondern auf Fleisch, Brot oder Gemüse. Sie darf also ruhig intensiver schmecken, als Butter normalerweise schmeckt.

Jetzt stellt sich natürlich die Frage: Was mache ich mit meiner roten Café-de-Paris-Butter? Sie wird immer zusammen mit Entrecôte oder anderen Steaks erwähnt, auch gibt es eine Sauce für Fleisch, die auf dieser Butter basiert. Aber letzten Sommer aß ich im Frühstück 3000 in Berlin-Schöneberg ein Bauernfrühstück mit etwas Trüffelbutter darauf. Das brachte mich auf die Idee, ein einfaches Gericht mit einer komplexen Butter zu adeln, daher nun mein Vorschlag: Wir machen Frittata (das italienische Omelette) mit Auberginen, Kartoffeln, frittierten Kapern und roter Café-de-Paris-Butter.

Die Frittata unterscheidet sich vom Omelette dadurch, dass sie in der Pfanne gewendet und nicht gefaltet wird. Weil sie relativ fest ist, kann man sie wie einen Kuchen in Stücke schneiden. Man kann sie warm oder kalt essen. Und die Füllung ist Geschmackssache. Meine Version enthält Kartoffeln und Aubergine. Die beiden bilden einen guten Kontrast, sehen zusammen gut aus und machen satt. Kartoffeln und Aubergine werden vorab gedämpft. Dadurch ist die Frittata schneller fertig und mehr Geschmack bleibt erhalten. Wenn du keinen Dampfeinsatz hast, tut es auch ein Abtropfsieb.

Frittata mit frittierten Kapern und roter Café-de-Paris-Butter

Zutaten für ein kleines Gericht für 2 Personen oder für eine sehr hungrige:

* 2 bis 3 Eier
* 2 große, vorwiegend festkochende Kartoffeln
* 300 Gramm Auberginen (die bekannten oder die lilafarbenen japanischen)
* ½ Zwiebel
* 2 Esslöffel Olivenöl
* 2 Esslöffel gehackten Tiefkühl-Schnittlauch (oder frischen natürlich)
* Salz und Pfeffer aus der Mühle
* 2 Esslöffel rote Café-de-Paris-Butter (Rezept oben)

Für die frittierten Kapern (optional):

* 2 Esslöffel eingelegte Kapern
* 3 Esslöffel Frittieröl (z.B. Erdnussöl, Sonnenblumenöl)

Die frittierten Kapern kannst du ein paar Stunden vorher zubereiten:

1. Drei Esslöffel Frittieröl in eine kleine Pfanne geben und bei mittlerer bis hoher Hitze heiß werden lassen. Wenn das Öl heiß ist, bilden sich Schlieren auf dem Boden der Pfanne, wenn du sie ankippst.
2. Derweil Kapern sehr gut trocken tupfen.
3. Kapern in das heiße Öl geben und etwa 3 Minuten

frittieren, dabei mehrmals wenden, falls sie nicht ganz vom Öl bedeckt sind. Sie werden dabei dunkel, knusprig und öffnen sich.

4. Kapern auf Küchenpapier abkühlen lassen.

Für die Frittata:

1. Wenn du eine Pfanne ohne Kunststoffteile verwendest: Grillfunktion des Backofens einschalten.
2. Kartoffeln waschen und in mundgerechte Stücke schneiden. Die Schale kann dranbleiben, wenn es Biokartoffeln sind.
3. Die Aubergine(n) in mundgerechte Stücke schneiden.
4. In einem großen Topf den Boden bis zur Höhe des Dampfeinsatzes oder eines Abtropfsiebs mit Wasser befüllen (das Wasser steht dann etwa 2 Zentimeter hoch), den Deckel aufsetzen und auf höchster Stufe zum Kochen bringen. Das geht sehr schnell.
5. Wenn das Wasser kocht, Kartoffeln in den Dampfeinsatz oder das Abtropfsieb geben, den Deckel wieder aufsetzen und etwa 7 Minuten garen. Die Kartoffeln sollen noch nicht weich sein.
6. Dann die Auberginen hinzugeben, den Deckel wieder aufsetzen und zusammen mit den Kartoffeln weitere 5 Minuten durchgaren.
7. Währenddessen die halbe Zwiebel klein hacken.
8. Zwei Esslöffel Olivenöl in einer großen Pfanne auf mittlerer Stufe erhitzen.
9. Wenn das Öl heiß ist, Zwiebel darin anbraten, bis sie glasig ist, etwa 4 Minuten.

10. Gedämpfte Kartoffeln und Auberginenstücke in die Pfanne geben und etwa 6 Minuten unter Wenden anbraten. Etwas salzen.
11. Währenddessen in einer kleinen Schüssel Eier, Salz und Schnittlauch gründlich mit einer Gabel vermischen. Mischung etwas salzen und pfeffern.
12. Eiermischung gleichmäßig in die Pfanne über Zwiebeln, Kartoffeln und Gemüse geben (ggf. die Pfanne kippen, damit sie sich gut verteilt) und etwa 4 Minuten weiterbraten, ohne in der Pfanne herumzurühren.
13. Auf Wunsch die Frittata wenden, aber es ist riskant und nicht zwingend nötig.
14. Wenn du sie verwendest, die frittierten Kapern über die Frittata geben. Man kann sie auch zu kleinen Krümeln zerdrücken und wie ein Gewürz drübergeben.
15. Ebenfalls auf Wunsch die Frittata auf die oberste Schiene in den Backofen stellen (nur wenn du eine Pfanne ohne Plastikgriff benutzt) und 1 Minute grillen lassen.
16. Frittata wie eine Pizza in Stücke schneiden, auf Tellern anrichten und je ein Teelöffel Café-de-Paris-Butter daraufgeben, die dann beim Essen langsam schmelzen wird. (Vermutlich wirst du mehr als ein Teelöffel verwenden, was ich ausdrücklich gutheiße.)

Das Ergebnis ist ein einfaches Gericht, das du hundertfach variieren kannst, mit einer komplexen Butter, die du hundertfach einsetzen kannst. Wer Butter hat, backt, brät, kocht und lebt!

10. Mit diesem Brötchen ist alles möglich

Selbstbetrug, Korruption und Mayonnaise: Ich stelle dir Hummerbrötchen vor, das luxuriöse Fast Food von der US-Ostküste

Was ist schlimmer: Etwas zu tun, von dem man ahnt, dass es falsch ist, aber einfach nicht drüber nachzudenken? Oder etwas zu tun, von dem man sicher weiß, dass es falsch ist – und es dennoch zu tun?

Vor einigen Jahren erhielt ich unvermittelt Zugang zu einer mir unbekannten Welt: Eine amerikanische Wissenschaftlerin und Unternehmerin lud so ziemlich alle ihre Linkedin-Kontakte und deren Anhängsel zu einer familienfreundlichen Tagsüber-Party in ihr Cottage ein, also in ihre Hütte, irgendwo in Massachusetts. Ich war damals frisch nach New England gezogen und wusste noch nicht, dass sich die dortigen besseren Kreise in frivolen Untertreibungen gefallen. Nach einer einstündigen Autofahrt Richtung Cape Cod bogen wir in eine schattige Allee, wo sich das Cottage als herrschaftliches Anwesen mit mehrstöckiger Veranda entpuppte. Der makellose Rasen war gesäumt von einem Waldstück, in dem sich ein Kiespfad zur Atlantikküste wand.

An einem brachial heißen Spätsommertag wie jenem will man nicht viel mehr tun, als auf einer Veranda in einem Schaukelstuhl sitzen und kalten Weißwein trinken – oder einen Arnold Palmer, Schwarztee mit selbstgemachter Limonade und vielen Eiswürfeln (in Kapitel 8 steht, wie du ihn selber machst). Die Wiese vor der Villa füllte sich mit den anderen Gästen des Sommerfests: Hier die selbstbewussten Wissenschaftler:innen der umliegenden Elite-Unis, von deren Forschungsergebnissen wir nächstes Jahr im »New England Journal of Medicine« lesen würden, dort die orthodoxe jüdische Familie mit dem schläfenbelockten Vater, am Rand der Wiese die Hip-Hop-Tanzgruppe, die zur Bespaßung der Kleinen angeheuert worden war. Heiteres Geplauder wehte vorbei, ein paar Kinder stürmten mit Gummibooten Richtung Meer.

Dann fuhren die Foodtrucks vor. Einer nur für Muscheln, einer für all die anderen Meeresfrüchte, einer für Burger und ein lilafarbener für veganes Eis. Hier würden wir nicht verhungern.

Ob ich eine Auster essen wolle, fragte mich der junge Mann mit Baseballkappe und Batikshirt aus dem Muscheltruck. Ich hatte noch nie Austern gegessen und war überrascht, diese Delikatesse einfach so aus einem bunten Lieferwagen herausgereicht zu bekommen. »Sie sind ganz frisch«, sagte er. Ich solle mir einfach etwas Zitronensaft auf die Muschel träufeln und sie dann aus der Schale schlürfen.

Die Muschel war erfrischend kühl und schmeckte nach Ozean. Ich dachte erst, ich würde mich ekeln, aber ich kam nicht dazu. Die unprätentiöse, fröhliche Darreichungsform, die im Eiscontainer stehenden Plastikflaschen mit der scharfen roten Sriracha-Sauce und natürlich die Tatsache, dass ich für all dies nicht einen Dollar bezahlen musste, machten aus mir in wenigen Sekunden jemanden, der Austern schlürft, als hätte er nie etwas anderes getan.

Im Truck daneben wurden mehrere Gerichte angeboten, die wir in Deutschland wohl belegte Brötchen nennen würden, die aber damit so viel zu tun hatten wie das Cottage mit einer Hütte. Darunter die *Scallop Roll*, ein Brötchen mit gebratenen Jakobsmuscheln und Bacon. Ehe ich mich versah, hielt ich eine in der Hand – in einer simplen Pappschale.

Jakobsmuscheln sind leider sehr gut, sie sind süß, nussig und haben ein festes Fleisch. Zweifellos sind sie eine Delikatesse. Und hier lagen gleich drei vor mir auf einem Brötchen. In einer Pappschale! Mit Speck! Und scharfer Wasabi-Mayo! Als Beilage erhielt ich eine Tüte Kartoffelchips (!) der Marke »Cape Cod«.

Zum Glück waren noch Schaukelstühle auf der Veranda frei, denn die Beiläufigkeit, mit der mir hier Produkte gereicht wurden, die doch in Sternerestaurants gehören, war schockierend. Sitzend würde ich all diese Widersprüche angemessener würdigen können. Es wird nicht überraschen, dass das Brötchen fantastisch war, buttrig und etwas süß. Die Muscheln außen knusprig und innen zart, der Speck dazu als starker Kontrast. Dann noch wie ein wummernder Bass die grüne, scharfe Mayonnaise. Ich aß die Chips dazu und war glücklich.

Wenn Jakobsmuscheln im Brötchen möglich sind, ist alles möglich, dachte ich. So fühlt sich Luxus an.

Im Vorbeigehen fragte mich die Gastgeberin, ob ich schon eine *Lobster Roll* hatte. Ich war noch damit beschäftigt, über die Muscheln hinwegzukommen, da sollte es schon mit Hummer weitergehen? Ich erfuhr, dass Lobster Rolls, also Hummerbrötchen, das Fast Food Neuenglands sind. (Einige Jahre lang gab es sie dort sogar bei McDonald's.) Es handelt sich um Hummerfleisch, das mit etwas Mayonnaise und womöglich Sellerie angemacht wird, um anschließend in einem in Butter gebratenen und auf der Oberseite mittig aufgeschlitzten Hotdog-Brötchen zu versinken – und zwar so großzügig, dass der Hummer oben rausquillt.

Ich dürfe das auf keinen Fall verpassen, sagte die Gastgeberin. Also ging ich nochmal zu dem Seafoodtruck und fragte nach meiner ersten Lobster Roll.

Man kann sein Leben leicht in zwei Hälften teilen: vor und nach der ersten Lobster Roll. Und du kannst sie selber machen (ich sage dir gleich wie), aber du musst dafür Hürden nehmen, die viele nicht nehmen können oder wollen. Die Lobster Roll ist Luxus – im Guten wie im Schlechten.

Ich biss in das außen knusprige und innen weiche, frisch geröstete Brötchen und der Hummer war fest, zart und etwas süß. Die Mayonnaise schmeichelte ihm. Man isst die Lobster Roll so langsam wie es für Fast Food gerade noch möglich ist, weil sie so wertvoll ist. Man darf das Hummerfleisch nicht stark verarbeiten, weil der zarte Geschmack sonst untergeht. Also kommt die Mayonnaise auch nur sehr dezent zum Einsatz. Ein klein wenig Sellerie sorgt für Farbe und Knusprigkeit.

Das war es auch schon. Die Lobster Roll schmeckte nicht so wild wie das Jakobsmuschelbrötchen, aber mir erschloss sich sofort, warum sie so ein Klassiker ist. Sie ist unprätentiöser Luxus, sie ist das ultimative Understatement – etwas Wunderbares, das sich ganz einfach gibt. Ich habe später noch mit mehreren Freund:innen Lobster Rolls gegessen und die Reaktion war immer die gleiche: Wow, ist das gut!

Es gibt natürlich endlose Variationen des beschriebenen, sehr klassischen Originals: In Connecticut verwendet man statt der Mayonnaise zerlassene Butter. Manchmal werden Kapern, Avocado, getrocknete Chilischoten hinzugefügt oder der Hummer auf ein Salatblatt gebettet. Aber das Original ist nicht viel mehr als Hummer mit etwas Mayonnaise im Brötchen.

Es liegt auf der Hand, dass dann jede Zutat stimmen muss. In dem Rezept, das ich unten vorschlage, weiche ich nur an zwei Stellen und auch nur sehr dezent vom Original ab: Wir machen die Variante mit Sellerie, und die Mayo rühren wir selbst an. Dazu verwenden wir ein Rezept, das von der japanischen Kewpie-Mayonnaise inspiriert ist (gesprochen wie die englischen Buchstaben QP, nach dem Unternehmen, das dieses Produkt seit rund hundert Jahren herstellt).

Kewpie ist etwas eleganter als die hiesige (oder auch in den USA geläufige) Mayo; sie enthält kein Eiweiß, nur Eigelb und harmoniert sehr gut mit dem Hummer, nicht zuletzt weil wir sie ganz leicht mit Dashisud aromatisieren. Dieser Grundbestandteil der japanischen Küche wird aus Algen und dem Bonitofisch hergestellt, der fermentiert, getrocknet und dann zu Flocken geschabt wird. Doch das ist eine andere Geschichte. Womit wir beim Elephant in the Room wären, dem problematischen Hauptbestandteil des Gerichts: dem Menschen.

Normalerweise geht es mir um sehr zugängliche Speisen. Sie schmecken hoffentlich vielen, man kann sie leicht nachkochen, die Zutaten sind nicht schwer zu bekommen und bezahlbar. Diesmal nicht.

Hummer sind teuer. Insbesondere, wenn man einen kauft, der nicht getötet wird, indem man ihn in kochendes Wasser wirft, was zwar heute die übliche, aber quälendste Methode ist, da der Tod erst nach Minuten einsetzt. Im Handel gibt es welche, die mit starkem Wasserdruck innerhalb von Sekunden getötet und dann eingefroren werden. So müssen sie im Gegensatz zu lebend transportierten Tieren nicht in engen Becken dahinvegetieren. Aber auch diese Methode ändert nichts daran: Hier wird ein Tier getötet. Und zwar eines, das Schmerz empfinden kann. Es gibt also mindestens einen guten Grund, keine Lobster Rolls zu essen.

Noch im 19. Jahrhundert galten Hummer als »Kakerlaken des Meeres«, ihre Karkassen vor Häusern waren Zeichen großer Armut. In den USA wurden Gefängnisinsassen mit ihnen ernährt, weil es so viele davon gab (Gefängnisinsassen und Hummer). Zum Luxusprodukt wurden sie erst im 20. Jahrhundert; die Verknappung des Hummers durch Überfischung machte ihn so begehrenswert (und die Marketingstrategie der US-Eisenbahn, die ihn in Gegenden servierte, wo man seiner noch nicht überdrüssig war). Der Hummer ist nicht per se etwas Besonderes. Der Mensch hat ihn dazu gemacht, indem er ihn dezimiert hat. Wir haben einen Luxusmarkt geschaffen, wie man Luxusmärkte eben schafft: durch Verknappung.

Aber auch das ist eben Luxus: Etwas zu tun, von dem man wissen kann, dass es nicht richtig ist, und es trotzdem tun. Luxus ist die schrille – und oft moralisch fragwürdige – Abweichung nach oben, er kann nicht für alle da sein, denn dann wäre er kein Luxus mehr, sondern normal. Was uns zum Preis von Hummerfleisch bringt.

Der sogenannte High-Pressure-Hummer ist bereits in normalen Zeiten noch teurer als der konventionell getötete. Und derzeit, aufgrund der diversen Lieferketten- und Energiekrisen, ist es durchaus möglich, für einen tiefgekühlten High-Pressure-Hummer in Deutschland über 40 Euro zu bezahlen. Das ist extrem viel Geld für Fleisch, das gerade mal für zwei Lobster Rolls reicht. Für viele Menschen verbietet sich dieses Essen also allein schon aus finanziellen Gründen, und satt wird man davon auch nicht. (Die Beilagenchips machen nur noch mehr Hunger.)

Der Hochdruck-Hummer soll dich ein bisschen korrumpieren. Du weißt, dass du das Falsche tust, aber wenn der lebende Hummer wenigstens nicht in kochendes Wasser geworfen wird, dann tut man ja geradezu etwas Gutes, wenn man den mit Überdruck getöteten kauft. Es ist Luxus mit menschlichem Antlitz. Es ist das Richtige im Falschen und wir alle wissen, dass es das nicht gibt.

Wenn du keinen Hummer essen willst oder kannst, verwende statt Hummerfleisch das abgekühlte, zerzutzelte Fleisch von Seelachs oder Forelle. Damit kommst du deutlich günstiger zum Ziel. Seelachs gibt es in jedem Supermarkt, aber Luxus ist etwas anderes. Und auch Fische sind Tiere. Es gibt vegane Hummer-Alternativen, die populärste dürften mit Knoblauch bearbeitete Palmherzen sein, das ist das Mark der Blattstiele bestimmter Palmen.

Ich hätte diesen Text nicht schreiben können, wäre ich nicht selbst korrumpiert worden, damals an dem heißen Sommertag auf der Veranda am Atlantik. Ich habe von der verbotenen Meeresfrucht gekostet und sie war fantastisch.

Wenn man also eine Lobster Roll zubereiten möchte, sollte es wenigstens einen guten Anlass geben, die Zubereitung sollte mit Freund:innen zelebriert, ein Glas Weißwein dazu getrunken werden (oder eben ein Arnold Palmer). Der Tag, an dem man Lobster Rolls macht, sollte nicht einfach irgendein Tag sein, sondern einer, an den man sich erinnert. Mache Fotos von der Zubereitung, dem fertigen Gericht und euren verzückten Gesichtern, wenn ihr erstmals reinbeißt. Ihr müsst die Bilder nicht in den sozialen Medien posten, aber sie helfen dabei, sich daran zu erinnern, dass man etwas getan hat, was man nicht jeden Tag tun kann und soll.

Du kannst ein Mensch sein, der eine Lobster Roll gegessen hat. Oder jemand, der sich bewusst dagegen entschieden hat. Es liegt an dir.

Lobster Rolls mit Mayonnaise nach japanischer Art

Vorab: Da man kaum eine kleinere Menge als ein einziges Eigelb vorfindet, müssen wir mehr Mayo machen, als für zwei Lobster Rolls zum Einsatz kommt. In jedem Fall muss die Mayonnaise am gleichen Tag verbraucht werden, da sie ein rohes Eigelb enthält.

Wir kochen den Hummer nicht, sondern dämpfen ihn, was die Wahrscheinlichkeit senkt, das Fleisch zu verkochen, auch bleibt es durch diese Methode (angeblich) zarter.

Zutaten:

* 200 Gramm Hummerfleisch, entspricht etwa 300 Gramm tiefgefrorenem Hummer (vegane Alternative: Palmherzen)
* 2 Hotdog-Brötchen (gibt es abgepackt im Supermarkt)
* 4 Esslöffel klein gehackte Selleriestange
* 1 Esslöffel Butter
* 2 Esslöffel Mayonnaise (oder vegane Mayonnaise)
* 1 Teelöffel Salz
* Als Beilage: 1 Tüte Kartoffelchips (gesalzen)

Falls du die Mayonnaise selbst zubereiten willst (alle Zutaten müssen Zimmertemperatur haben):

* 150 Milliliter geschmacksneutrales Öl, z.B. Sonnenblumenöl oder Rapsöl
* 1 Eigelb
* 1 Teelöffel Weißweinessig
* 1 Teelöffel Dashisud oder Dashibrühe (gibt es in Flaschen im Asiamarkt)
* 1 Teelöffel Senf
* 1 Prise Salz

Zubereitung:

Am Vortag:

1. Tiefgekühlten Hummer oder Hummerfleisch (wenn du es verwendest) über Nacht im Kühlschrank in einem Abtropfsieb auftauen lassen.

Am Tag des Verzehrs:

Mayonnaise zubereiten (wenn du nicht gekaufte verwendest, eine vegane Alternative findest du bei Biancazapatka.com)

2. Eigelb, Weißweinessig, Dashisud, Senf und Salz (alles muss Raumtemperatur haben) in eine Schüssel geben und mit einem Schneebesen heftig schlagen, bis sich Blasen bilden, etwa 1 Minute.

3. Dann extrem langsam, zuerst tröpfchenweise, das Öl hinzugeben und mit dem Schneebesen einarbeiten. Hier kann man mit einer fahrigen Handbewegung die gesamte Mayonnaise zerstören, also unglaublich langsam vorgehen. Erst wenn ungefähr ein Fünftel des Öls eingearbeitet wurde, das Öl in einem langsamen Strahl hinzugeben.
4. Wenn die Schulter wehtut vom Schlagen, einfach eine Pause machen.

Hummer dämpfen (wenn du ihn verwendest, alternativ kannst du Palmherzen zubereiten)

5. Hummerfleisch aus dem Panzer lösen (falls Panzer vorhanden).
6. Einen großen Kochtopf etwa 5 Zentimeter hoch mit Wasser füllen und mit ½ Teelöffel Salz zum Kochen bringen, dann Hummerfleisch und Panzer voneinander separiert in ein Sieb geben, in den Topf hängen und Deckel drauf.
7. Hummerfleisch etwa 6 Minuten dämpfen. Das Fleisch ist fertig, wenn es weiß ist, nicht glasig, und der Panzer rot.
8. Hummerfleisch ein paar Minuten abkühlen lassen und in etwa daumendicke Stücke schneiden.

Hotdog-Brötchen vorbereiten:

9. Pfanne auf mittlere bis hohe Temperatur erhitzen, dann Butter hineingeben.
10. Hotdogs auf Ober- und Unterseite goldbraun und knusprig braten, jeweils 1 bis 2 Minuten. Dann aus der Pfanne nehmen und abkühlen lassen.

Sandwich bauen:

11. In einer Schüssel Hummerfleisch, Sellerie und zwei Esslöffel Mayonnaise zum Hummersalat vermischen. Die Mayonnaise soll die Hummerstücke nur zusammenkleben, nicht völlig überwältigen.
12. Falls der Hummersalat noch lauwarm ist, ein paar Minuten im Kühlschrank weiter abkühlen lassen.
13. Wenn die Hotdog-Brötchen unzerteilt geliefert wurden, auf der Oberseite aufschlitzen. Hummersalat in die Hotdogs geben, so dass er oben etwas herausquillt.
14. Mit zwei Handvoll Kartoffelchips servieren.

11. Wenn das Leben dir Zitronen gibt, mach Dressing draus

Salat ist doch nur was für Spaßbremsen, dachte ich immer. Bis ich diesen in einem Restaurant bestellte. Er ist so gut, dass ich den Rest des Menüs vergessen habe. Hier verrate ich dir das Rezept

Wer im Lokal Salat bestellt, tut mir leid. Ich denke immer, da gibt es bestimmt einen traurigen Anlass (Diät, Gesundheit, Hass auf leckeres Essen), aber freiwillig Salat? Im Lokal?

Salat ist oft eine Verlegenheitsspeise. Irgendwas Gesundes, hoffentlich Frisches. Salate sind für Spaßbremsen, die sich im Griff haben. Dachte ich zumindest.

Als dann in den letzten Jahren eine Salatvariante auf den Speisekarten erschien, die es Restaurants erlaubt, beliebige Zutaten in eine Schüssel zu werfen, dieses Mischmasch ein Gericht zu nennen und Geld dafür zu verlangen, war meine Hoffnung für die Zukunft des Salats dahin. Die Bowl war geboren und die Kundschaft liebt das kleingeschnittene, bunt zusammengeworfene Essen, vermutlich, weil es unter dem Label »gesund« läuft (was es nicht ist).

Und die Gastronomie liebt Bowls, weil sie wenig Arbeit machen und man trotzdem Quatschpreise verlangen kann, solange die Menschen Schüsseln als Gerichte akzeptieren. Du kannst dir so eine Schüssel auch selbst zusammenstellen (gegen respektable

Aufpreise). Und bis du rausgefunden hast, dass es schwieriger ist, als es aussieht, Zutaten sinnvoll und lecker zu kombinieren, hast du schon drei Bowls gekauft.

Jetzt sagst du natürlich, eine Bowl ist doch kein Salat! Woraufhin ich sage: Doch doch, aber glaube nicht mir, glaube Morgan Love, dem australischen Chef des Restaurants Sorrel in Berlin-Neukölln. Für ihn ist ein Salat nämlich genau das: ein zusammengeworfener Haufen verschiedener Zutaten – hauptsächlich Gemüse, hauptsächlich roh – mit einem Dressing. Das also ist ein Salat, und wer würde einem Mann namens Love widersprechen wollen?

So oder so, es muss einen sehr guten Grund geben, wenn ich mal Salat bestelle. Einer davon: Die Küche ist schon so gut, dass man sogar vom Salat etwas lernen kann. Im Sorrel (englisch für Sauerampfer) ist das der Fall. Das unscheinbare Ecklokal ist im Kiez für Frühstücks- und Brunchsituationen bekannt, aber verkauft sich damit eigentlich unter Wert. Denn die Küche kann weit mehr als Eggs Benedict und French Toast. Zum Beispiel einen Salat, der so gut ist, dass ich alles, was vor und nach dem Salat serviert wurde, vergessen habe.

Der aktuellen Speisekartenmode folgend haben die Gerichte im Sorrel oft keine Namen, sondern bestehen nur noch aus der Auflistung der wichtigsten Zutaten. In unserem Fall: »Fenchel, eingelegte Aprikose, Olive, Mandel, Minze, junger Parmesan«.

Wie macht man es, dass sich diese unterschiedlichen Aromen und Texturen zu einem, ja, fleischigen Gesamteindruck verbinden – ohne Fleisch? Wie sorgte er für solch ein üppiges Mundgefühl?

Ich wollte herausfinden, was das Geheimnis dieses Salats ist und es mit euch teilen. Sehr zu meiner Überraschung versprach der Chef, mir das Rezept zuzuschicken – mit der Erlaubnis, es den Krautreporter-Mitgliedern zugänglich zu machen.

Auf die alchemistische Anleitung wartend, vergingen die folgenden Tage quälend langsam, also versuchte ich mein Glück schon mal ohne Rezept. Ich hatte nur die Zutatenauflistung aus der Speisekarte, das Foto, das ich von dem Salat gemacht hatte und meine Sinneseindrücke.

Die probeweise Herstellung des Salats brachte ein okayes, aber auch wenig überraschendes Ergebnis hervor. Mein Salat war nicht mehr als die Summe seiner Teile – und auch zu nass. Was hatte ich falsch gemacht?

Ein paar Tage später erhielt ich eine Mail mit der denkbar prosaischen Betreffzeile *salad recipe*. Das Geheimnis des optisch unscheinbaren, aber geschmacklich wie sensorisch sensationellen Gerichts: Nicht die frischen Zutaten machen seinen Zauber aus, sondern die kunstvoll gealterten!

Das ist so kontraintuitiv, dass ich gezwungen bin, es hier für euch auszubreiten. (Auch Fenchelfeinde bleiben bitte dran, denn die Knolle fungiert in diesem Fall tatsächlich vornehmlich als Trägermasse, und die Lektionen aus dem Rezept sind vielseitig auch auf andere Produkte anwendbar.) Denn es verhält sich so: Ausgerechnet bei einem Gericht aus frischen Zutaten macht das Haltbarmachen den Unterschied. Konservierungsmethoden wie das Einkochen, Einmachen und Einlegen entlocken bekannten Zutaten ungeahnte Aromen, fügen ihnen neue hinzu und variieren ihre Konsistenzen:

- Einkochen (auch Einwecken) bedeutet die Sterilisation der Lebensmittel durch Kochen: Das Einkochen tötet Mikroorganismen genauso wie Sporen und ist das ideale Verfahren, um eiweißhaltige Lebensmittel haltbar zu machen. Es gehen aber beim Einkochen auch Geschmack und Farbe verloren, wie man etwa beim Thunfisch leicht sehen (und schmecken) kann. Der graue Dosenfisch ist zwar ewig haltbar, aber noch weniger als ein Schatten seines prächtigen, rot glänzenden Selbst.

- Einmachen ist weniger rabiat: Hier wird das Einmachgut pasteurisiert, also auch erhitzt, aber bei niedriger Temperatur. Beim Abkühlen im Glas entsteht ein konservierendes Vakuum. Marmeladen werden so hergestellt. (Spezielle Gläser, deren Deckel sich nach innen wölben, zeigen das Vakuum an.)

- Einlegen kommt ohne Hitze aus. Salzlake oder Säure (zum Beispiel Essig) übernehmen das Konservieren, auch Öl kann zum Einsatz kommen. Das Einlegen kann den Geschmack von Lebensmitteln deutlich ändern, und das ist gewollt!Milchsaures Einlegen (was unter dem Begriff »Fermentation« seit Jahren zum Hipster-ABC gehört) ist Einlegen unter Zuhilfenahme von Milchsäurebakterien. Diese können hinzugegeben werden (zum Beispiel in Form von Molke) oder einfach aus der Luft in das Einlegegut übergehen (die sogenannte wilde Fermentation). So kann man Sauerkraut und Kimchi herstellen.

- Rekonstitution dient nicht der Haltbarmachung, soll aber erwähnt werden, weil wir sie für das Salatrezept brauchen. Hier geht es darum, getrocknete Lebensmittel zu rehydrieren, also einzuweichen. Man kennt es von getrockneten Pilzen, die man in Wasser (oder Weißwein!) wieder zum Leben erwecken kann.

In unserem Salat kommen gleich mehrere der genannten Techniken zum Einsatz. Fangen wir mit den Aprikosen an. Eingelegt werden nämlich getrocknete Aprikosen. Man kauft sie fertig und veredelt sie dann daheim, indem man sie in einer Mischung aus heißem Wasser, Weißweinessig, aufgelöstem Zucker und drei Gewürzen einweicht: Pfefferkörnern, Kardamom und dem unvermeidlichen Lorbeerblatt. Die Aprikosen sind bereit für ihre Weiterverarbeitung im Salat, sobald die Flüssigkeit abgekühlt ist, Geschmack und Konsistenz aber werden mit der Zeit besser. Ich habe ihnen eine Woche Zeit gegeben.

Etwas mehr Zeit muss man für das Dressing einplanen, das aus nur drei Zutaten plus Salz besteht. Gutes Olivenöl (das Profis »EVOO« abkürzen, für *Extra Virgin Olive Oil*), etwas Dijon-Senf und – das ist die Zauberzutat – ein Teelöffel kleingeschnittener Schale von Salzzitronen.

Salzzitronen! Im Augenwinkel hat man sie auf Märkten oder in Feinkostgeschäften vielleicht schon einmal wahrgenommen: die großen, mit Zitronen gefüllten Gläser. Es sind nicht einfach nur Zitronen und ihr Fleisch interessiert uns auch nicht. Von der Frucht benutzt man meist nur die Schale, die durch wochen- oder monatelanges Einlegen in Zitronensaft und Salz weich geworden ist.

Mindestens drei bis vier Wochen braucht das Salz, um die Schalen mit einem herzhaften, geradezu fleischigen Aroma aufzuladen. Salzzitronen sind nicht mehr bitter, immer noch säuerlich und natürlich auch salzig, aber sie sind so viel mehr! Man kann die kleingehackten Schalen zu Eintöpfen und Suppen geben, um braven Gerichten kleine Spitzen zu verpassen. Und man braucht nur ganz wenig, um diesen Effekt zu erzielen.

Salzzitronen sind eine Hauptzutat der marokkanischen Küche. Mit der Zitrone wanderte auch die Salzzitrone aus dem Mittelmeerraum und Nordafrika nach Indien. Wir finden sie in etlichen Küchen Asiens und des Mittleren Ostens. Und jetzt auch in unserem Salat.

Schwieriger als Salzzitronen ist es, gute Oliven zu finden. Das Rezept nennt ausdrücklich Nocellara-Oliven, also sollte man sich die Mühe machen. Sie stammen aus Sizilien und sind eine Züchtung, die gleichermaßen für den direkten Verzehr wie für die Herstellung von Olivenöl verwendet wird. Als große und fleischige Früchte mit mildem Geschmack übertönen sie ein Gericht nicht, sondern grundieren es mit einem satten Generalbass. Sie sind schwer durch andere Oliven zu ersetzen, so leid es mir tut.

Es ist die Kombination aus diesen speziellen Oliven und den eingeweichten Aprikosen, die dem Salat seine fleischig-saftige

Konsistenz gibt, den speziellen Biss, den man sonst in Salaten vermisst. Die Salzigkeit und die Säure der Salzzitronen erzeugen zusammen mit dem Senf den leicht sauren Geschmacksanteil des (nicht vorhandenen) Fleisches, während die Mandeln Röstaromen beisteuern.

Die Summe ist mehr als ihre Teile – das ist die Antwort auf die Frage, was einen guten Salat ausmacht. Und das Beste am Frischen ist manchmal das Alte.

Sorrels »Fenchel, eingelegte Aprikose, Olive, Mandel, Minze, junger Parmesan«

Der Salat selbst kann in wenigen Minuten zubereitet werden, benötigt aber mit den eingelegten Aprikosen und der Salzzitrone zwei Zutaten mit (unterschiedlich) langem Vorlauf. Salzzitronen kann man auf manchen Märkten und in Feinkostgeschäften fertig kaufen. Wenn man sie selbst herstellen will, muss der Salat vier Wochen warten. Die eingelegten getrockneten Aprikosen gibt es nicht fertig, sie müssen aber nur ein paar Stunden einweichen, können also am Vortag oder am Morgen des gleichen Tages zubereitet werden (je länger du sie allerdings einlegst, also je mehr Zeit du ihnen gibst, desto intensiver wird am Ende ihr Geschmack). Salzzitronen und eingelegte Aprikosen lassen sich noch viele Monate weiter verwenden, müssen aber nach der ersten Öffnung in den Kühlschrank.

Utensilien:

* Einmachglas mit 0,5 Litern Fassungsvermögen
* Zange (für das Handling des heißen Glases)
* Gemüsehobel

Für die Salzzitronen, falls du sie selbst zubereiten möchtest:

* Ein weiteres Einmachglas mit mindestens 0,8 Litern Fassungsvermögen
* Stößel (zum Herunterdrücken der Zitronen)

Zutaten für 2 Personen:

Für den Salat:

* 10 eingelegte getrocknete Aprikosen (Rezept siehe unten), grob gehackt
* Dressing (Rezept siehe unten, die Menge hängt von der Größe der Fenchelknollen ab, mehr dazu im Salatrezept)
* 2 Fenchelknollen (am besten Bio)
* 20 Minzblätter
* 30 Gramm geröstete Mandeln, grob gehackt oder als Blättchen
* 30 Gramm frischen, grob geriebenen Parmesan
* 10 Nocellara-Oliven, entkernt
* Eine Prise grobes Salz

Für die Salzzitronen:

* 6 bis 8 Zitronen
* 12 Esslöffel Salz
* Evtl. bis zu einer halben Tasse Olivenöl, falls die Zitronen nicht sehr saftig sind

Für die eingelegten getrockneten Aprikosen:

* 90 Gramm getrocknete Aprikosen

* 250 Milliliter Weißweinessig
* 250 Milliliter Wasser
* 175 Gramm Zucker
* 1 Lorbeerblatt
* 5 schwarze Pfefferkörner
* 3 grüne Kardamomschoten

Für das Dressing:
* 1 Teelöffel Schale der Salzzitrone, fein gehackt
* ½ Teelöffel Dijonsenf
* 4 Esslöffel Olivenöl Extra Vergine
* Eine Prise Meersalz, wenn möglich Maldon Sea Salt

Zubereitung:

Salzzitronen (mindestens 4 Wochen vorher zubereiten):
1. Das Einmachglas mit 0,8 Liter Fassungsvermögen sterilisieren, so wie ich es im Aprikosenrezept unten beschreibe. Dann mit der Zange aus dem kochendem Wasser nehmen und Wasser aus dem Glas gießen.
2. Zitronen gründlich unter fließendem Wasser waschen. 4 bis 6 Zitronen der Länge nach, fast bis zum Ende vierteln. Die Zitrone bleibt an einem Ende intakt, so dass man sie etwas auffalten kann. Sie sieht dann aus wie eine Blüte.
3. Die Kerne weitestgehend entfernen.
4. Jede »Zitronenblüte« großzügig mit Salz füllen (ca. 2 Esslöffel pro Zitrone) und in das Einmachglas legen.

5. Sind alle so präparierten Zitronen im Glas, wird das Ganze mit einem Stößel zusammengepresst. Der dabei austretende Zitronensaft ergibt mit dem Salz eine Lake, die die Zitronen am Ende komplett bedeckt. Sollte die Flüssigkeit nicht ausreichen, musst du mit zusätzlichem Zitronensaft auffüllen (dazu die restlichen Zitronen auspressen, die nicht mit ins Glas kommen). Olivenöl kann ebenfalls am Ende hinzugefügt werden, um den Kontakt der Zitronen mit der Luft zu verhindern (ist aber kein Muss, sollte der Zitronensaft ausreichen).
6. Das Glas sauber verschließen und mit einem Datum versehen. Bei Zimmertemperatur 3 bis 4 Wochen stehen lassen. Alle paar Tage kann das Glas vorsichtig geschüttelt werden, damit sich das Salz gut verteilt. Anschließend aber immer darauf achten, dass sich die Zitronen komplett in der Salzlake und nicht im Luftkontakt befinden, gegebenenfalls mit dem Stößel wieder runterpressen.
7. Nach 4 Wochen können die Salzzitronen verwendet werden. Salzzitronen nur mit einem sauberen Löffel oder einer sauberen Zange entnehmen. Nach der Öffnung kann das Glas im Kühlschrank für mehrere Monate gelagert werden.

Eingelegte getrocknete Aprikosen (mindestens einen halben Tag vorher zubereiten):

1. Stelle das Halbliter-Einmachglas in einen Kochtopf, der höher ist als das geöffnete Einmachglas. Lege den

Deckel mit dem Gummi ebenfalls in den Topf. Fülle Wasser in Glas und Topf, bis das Glas völlig bedeckt ist. Sterilisiere das Glas 20 Minuten in kochendem Wasser.

2. Gib Wasser, Zucker und Essig in einen separaten, kleinen Topf und bringe die Mischung zum Köcheln. Rühre so lange, bis sich der Zucker aufgelöst hat.
3. Gib anschließend Pfefferkörner, Kardamomschoten und das Lorbeerblatt hinzu und lass es sachte 5 bis 10 Minuten köcheln.
4. Nimm das sterilisierte Glas mit der Zange aus dem Wasser und entleere es.
5. Gib getrocknete Aprikosen, Flüssigkeit und Gewürze in das noch nasse sterilisierte Glas, ohne es innen zu berühren. Verschließe das Glas, noch während die Flüssigkeit dampft, das hilft bei der Herstellung des Vakuums.

Salat:

1. Bereite die eingelegten getrockneten Aprikosen und die Salzzitronen zu (Rezepte oben) oder benutze fertige Salzzitronen.
2. Stelle das Dressing her: Gib das Olivenöl, den Senf, die Salzzitrone und etwas Salz in ein verschließbares Behältnis und schüttele es gründlich.
3. Entferne den Strunk vom Fenchel. Hoble den Fenchel inklusive der Stangen mit einem Gemüsehobel sehr fein und gib ihn in eine Rührschüssel. Je nach Größe des Fenchels benötigst du vielleicht nur eine halbe Fenchelknolle pro Portion.

4. Einen guten Spritzer Dressing und eine Prise Salz hinzufügen. Salz und Dressing etwa 30 Sekunden mit den Händen in den Fenchel einmassieren, damit er weicher wird. Prüfe, wie der Fenchel schmeckt und füge gegebenenfalls Dressing oder Salz hinzu. Das Dressing sollte alle Teile des Fenchels bedecken.
5. Gib die Minzblätter, die Oliven und die gehackten Aprikosen hinzu. Das Ganze kurz mit der Hand durchmischen.
6. Gib die Mischung in eine Servierschüssel. Streue die Mandeln darüber und rasple den Parmesan (idealerweise mit einer Microplane-Reibe) frisch über den Salat.

12. Der Nachtisch: die wichtigste Mahlzeit des Tages

Im letzten Kapitel geht es um Grundsätzliches: Ist noch was Süßes da? Und wie backt man ein Brot, das auch als Dessert taugt

Worauf kommt es im Leben an?

Ein Ort, der auf diese Frage viele Antworten gibt, ist der Helmholtzplatz im Berliner Stadtteil Prenzlauer Berg. Der Platz im Ostteil der Stadt, an dem zu DDR-Zeiten Widerständige lebten, denen zur Strafe ihre baufälligen Wohnhäuser nicht durch moderne Plattenbauten ersetzt wurden, beschert uns heute große zusammenhängende und mittlerweile sanierte Altbaublocks. In die ziehen vor allem Menschen aus Städten mit höherem Bruttoinlandsprodukt ein.

Seit Jahren schon ist die Gegend für Berliner Verhältnisse teuer und auf die Art schick, wie es die Zugezogenen mit dem höherem Bruttoinlandsprodukt schätzen: Es herrscht die Ästhetik eines sachlichen Biedermeier, es ist cool und cosy zugleich. Die Frage am Helmholtzplatz lautet immer noch: »Wie wollen wir leben?« Aber die Antworten handeln nicht mehr vom Ende des Regimes, das sein Volk aus lauter Liebe einsperrte, sondern von den richtigen Cafés mit dem richtigen Kaffee an den richtigen Ecken mit den richtigen Möbeln und der richtigen Seife auf dem Klo.

In einem dieser Cafés aß ich diesen Sommer ein derart überspanntes Gericht, dass ich immer noch daran denken muss:

Ein frisch gebackenes Croissant auf einem Teller, daneben eine Burrata, ein Käse in Form eines Säckchens voller Sahne und Mozzarella. Dazu erhielt ich ein Milchkännchen mit einem aus Kaffeebohnenschalen gewonnenen Sirup. Die Schalen sind eigentlich ein Abfallprodukt der Kaffeeproduktion, aber nun können wir sie über Croissant und Käse gießen, als bronzefarbenen, glänzenden, dickflüssigen Saft. Croissant, Käse, Sirup – das ist das ganze Gericht.

Wenn man den Teller erstmals serviert bekommt, muss man lachen, so absurd sieht es aus, denn die Kombination wirkt gleichermaßen obszön wie hilflos. Croissant und Burrata, die man noch nie im selben Raum gesehen hat, nehmen sich ein Zimmer und du bist peinlich berührter Zeuge. Ein Zeuge mit Kaffeeschalensirup.

Vermutlich aß ich an jenem Tag erstmals ein Croissant mit Gabel und Messer. Nicht zuletzt dieser ungewöhnliche Zugriff schob die ohnehin schon überkandidelte *Experience* über die Klippen des Wahnsinns. Unsicher gackernd, aber mit leuchtenden Augen verspeiste ich diese sehr gut funktionierende Frechheit aus Fett mit Fett.

Eine amerikanische Bäckerin sagte mir mal: »Wenn du weißt, wie viele Kalorien eine Zimtschnecke hat, isst du sie falsch.« Wie viele Kalorien dieser Teller am Helmholtzplatz hatte, wage ich nicht mal zu überschlagen. Er macht aber locker einen halben Tag lang satt. Und das ist vermutlich auch der Grund, warum dieses Gericht auf der Frühstückskarte steht, denn nur sein schieres Volumen verhindert, dass es als Dessert durchgeht.

Ich sehe allerdings keinen Grund, warum wir die Kombination Blätterteig, cremiger Käse, süßer Sirup nicht auch als Dessert essen sollten. (Menschen aus Frankreich fänden sicher einen Grund, denn Croissants isst man morgens und Menschen aus Italien finden sicher auch einen Grund, denn Käse geht als Nachtisch, aber eigentlich nicht Burrata und nicht mit Sirup.) Wie dem auch sei: Fröhlicher Eklektizismus ist mein zweiter und dritter Vorname und deshalb geht es heute um Desserts aus ungewöhnlichen Kombinationen.

Fangen wir ganz einfach an: Eis ist gut, Kaffee ist gut, beides geht als Nachtisch, warum also nicht gleichzeitig? Italien schenkt uns den *Affogato al caffè* und wir greifen dankend zu. Affogare heißt ertrinken und dieses Schicksal blüht hier der Kugel Vanilleeis, die mit Espresso übergossen wird. Das ist es auch schon. Man serviert den Affogato meist in einer kleinen, idealerweise gekühlten Tasse, der Espresso kann etwas gesüßt sein. Ich habe mit Vanille-Alternativen experimentiert und kann berichten, dass Haselnuss und Dulce de leche auch gut funktionieren, am liebsten mag ich aber die Version mit gesalzenem Karamelleis (mit Stückchen!), wenn es denn greifbar ist. Salzig, süß, bitter, heiß und kalt – der Affogato hat alles und er ist schneller zubereitet, als man »eigentlich sollte ich keinen Nachtisch mehr« sagen kann.

Etwas mehr Arbeit macht das nächste Dessert, aber auch nicht sehr viel mehr. Es streiten sich Neuseeland und Australien über die Erfindung der Pavlova, einer nach der russischen Ballerina Anna Pawlowa benannten Süßspeise (der jüngste Forschungsstand scheint zugunsten Neuseelands auszugehen). Die Pavlova ist eine Torte aus drei Komponenten: nicht ganz durchgetrocknete Baisers, gesüßte Sahne, frische Früchte. Für den kleinen Dessert-Anwendungsfall machen wir statt einer Torte einfach Törtchen:

Für vier davon brauchst du Folgendes:

Für das Baiser das penibel abgetrennte Eiklar von 2 mittelgroßen Eiern (bei Zimmertemperatur), eine Prise Salz, 125 Gramm Zucker und $\frac{1}{2}$ Teelöffel Apfelessig, Weißweinessig oder Zitronensaft; für die Sahne: 125 Milliliter Schlagsahne, eine Prise Salz und 1 Esslöffel Puderzucker, für obendrauf eine Handvoll Himbeeren, Heidelbeeren oder Erdbeeren (oder natürlich ein Mix) und optional ein Minzblatt.

Zuerst stellst du eine leere Schüssel in den Kühlschrank (die brauchen wir später für die Schlagsahne). Du heizt den Backofen auf 90 Grad bei Ober- und Unterhitze vor. Du gibst Eiklar und Salz in ein Behältnis und schlägst die Mischung so lange mit einem Schneebesen, einem Handrührgerät oder einer Küchenmaschine, bis der Eischnee an dem Gerät lange Spitzen bildet, aber noch nicht völlig steif ist. Dann löffelweise den Zucker hinzugeben und weiterrühren, bis die Masse steif ist. Dann erst Essig oder Zitronensaft dazugeben und kurz einrühren.

Backpapier auf einem Backblech auslegen und vier Eischnee-Kleckse darauf geben, in die du jeweils in der Mitte mit einer Löffelunterseite eine Mulde drückst. Dann werden die Baisers im Ofen anderthalb bis zwei Stunden getrocknet – Backen kann man es bei dieser Temperatur kaum nennen. Die Baisers sind fertig, wenn sie außen fest und innen noch etwas cremig sind. Beim ersten Mal wirst du vermutlich eines kaputtmachen müssen, um das Innenleben zu prüfen. Wenn die gewünschte Konsistenz erreicht ist, Backofen ausschalten, aber die Baisers noch eine halbe Stunde drinlassen, um sie weiter zu trocknen. Jetzt die Schüssel und die Schlagsahne aus dem Kühlschrank holen und Sahne und Salz mit einem idealerweise gekühlten Mixstab vermischen. Später langsam Puderzucker hinzugeben. Wenn die Sahne nicht steif wird, kannst du Sahnesteif hinzufügen (ein harmloses Verdickungsmittel, das es im Supermarkt in Tütchen gibt). Die Sahne soll steif sein, aber noch keine Butter.

Schließlich gibst du einen Klecks Sahne in die Baiser-Mulden und dekorierst die Sahne nach Belieben mit Früchten und gegebenenfalls dem Minzblatt. Die Freude wird groß sein und der Anfang zu einer ganzen Reihe schöner Pavlova-Variationen ist gemacht. Nächstes Mal kannst du die Früchte mazerieren (in Zucker einlegen), sie durch Granatapfelkerne ersetzen, geröstete, gehackte Haselnüsse hinzufügen oder oder oder. Die Baisers kann man entspannt vorbereiten, denn luftdicht verpackt halten sie sich wochenlang.

Jetzt, wo ihr vor lauter Eischnee, Sahne und Zucker hoffentlich nachsichtig geworden seid, kann ich zugeben, dass ich auch ein paar Jahre am Berliner Helmholtzplatz gewohnt habe. Kurz nach meinem Einzug nahm ich an einer Studie zum Thema Gentrifizierung teil.

Das Interview begann mit der Frage: »Sie als Gentrifizierer …« Das hatte ich nicht erwartet, aber es ist wie mit dem Stau, in dem man nicht steht, sondern der man ist. Ich war der Gentrifizierer, ich kam aus einer Stadt mit höherem Bruttoinlandsprodukt, ich zahlte die Miete, die doppelt so hoch war wie noch zehn Jahre zuvor. Ich bekam ein schlechtes Gewissen, denn ich wollte ja niemanden vertreiben, ich wollte kein Gentrifizierer sein, aber nun war ich es geworden. Ich gehörte zu denen, die nicht gegen die SED, die Stasi, gegen den Schießbefehl, den deutschen Wahn der Erzwingung einer besseren Welt, und sei es mit Gewalt, kämpfen mussten. Und der dennoch finanziell besser dastand, historisch unverdient.

Eine bessere Welt war ohne mich entstanden, aber ihre Mieten konnten die nicht bezahlen, die sie erkämpft hatten. Man kann das ironisch finden, wenn man es ironisch findet, dass Leute wegziehen müssen, weil Freiheit eben auch die Freiheit ist, zwei Euro achtzig für einen Filterkaffee zu verlangen. Und auch auf diesen Preis wird man in zehn Jahren wehmütig zurückblicken.

Auf der Website des Cafés mit dem Croissant und der Burrata steht in Großbuchstaben »COFFEE, FOOD, BREAD, WINE, MUSIC. THE THINGS THAT MATTER.«

Lange bevor es dieses Café gab, zu einem Zeitpunkt also, als ganze Häuserzeilen noch unsaniert vor sich hin verfielen, eröffnete am Helmholtzplatz ein Zugezogener ein Schokoladenfachgeschäft. Holger in‘t Veld stellte damals Schokolade in kleinen Mengen her, mit größtem Respekt vor der Kakaobohne und den Menschen, die sie anbauen. Er schimpfte auf Schweizer Industrieschokolade, die offenbar nur existiert, um die riesige Milchproduktion des Landes irgendwohin zu kanalisieren. In‘t Veld war seiner Zeit voraus, heute wäre sein Geschäft voll mit hipper, nachhaltiger Kundschaft, doch weder sein Laden noch das angeschlossene Café existieren noch. Die Pleite war Thema in den Berliner Stadtmagazinen, weil hier einer offenbar das Richtige tat, es aber nicht reichte. Wofür lohnt es sich zu kämpfen? An diesem Ort, an dem es vor gut dreißig Jahren um alles ging.

In Holger in't Velds Café gab es ein einfaches Gericht, das auch gut als Nachtisch taugt: Sauerteigbrot mit salziger Butter und darauf dunkle Schokolade. Wer sich an Eszet-Schnitten erinnert, weiß, was für eine schöne Kombination das selbst mit billigen Industriezutaten ist. Wie gut so ein Schokoladenbrot wohl ist, wenn man zumindest das Brot selber macht?

Dem New Yorker Bäcker Jim Lahey haben wir ein extrem robustes Rezept für ein Brot zu verdanken, das besser ist als die meisten, die du bei irgendwelchen Bäckereien kaufen kannst. Ich kenne es über Mark Bittman, der es für die New York Times aufgeschrieben hat. Viele Menschen haben danach ihr erstes Brot gebacken. Bittman hat die Mengenangaben später nochmal verfeinert, für Krautreporter habe ich das Rezept auf hiesige Trockenhefe-Verhältnisse angepasst. Das Rezept ist jetzt wirklich wasserdicht. Du brauchst keine besonderen Gerätschaften, du musst den Teig nicht mal kneten. Was du brauchst, ist eine Nacht Ruhe, ansonsten nur Frischhaltefolie, zwei Küchenhandtücher und einen schweren Topf mit ca. 20 Zentimeter Durchmesser und einem Deckel ohne Plastikteile. Gusseisen, Emaille, Keramik, hitzebeständiges Glas – all das funktioniert. Mit diesem Topf simulieren wir einen besseren Ofen als den bei dir (oder mir) daheim.

Die Zutaten für einen Laib einfaches, gutes Weißbrot sind 430 Gramm Weizenmehl (Type 405) und noch etwas extra zum Bestäuben, 4 Gramm Trockenhefe (gibt es in Tütchen im Supermarkt) und 8 Gramm Salz. Für den Look und extra Crunch kannst du noch etwas Maisgrieß verwenden, aber das ist optional.

Falls du keine Instant-Trockenhefe verwendest, sondern die normale Version, musst du sie zuerst aktivieren, also in 200 Milliliter (idealerweise 37 bis 43 Grad) warmem Wasser verrühren und dann 10 Minuten abgedeckt stehen lassen. Wenn auf deinem Hefetütchen »Instant« oder »kein Anrühren erforderlich« steht, kannst du diesen Schritt auslassen.

In einer großen Schüssel vermischst du Mehl, Hefe und Salz. Dann gibst du 345 Milliliter Wasser dazu (bzw. 145 Milliliter, wenn du die Hefe selber aktiviert hast und den Wasser-Hefe-Mix verwendest). Du verrührst alles sehr gelassen mit den Fingerspitzen einer Hand, bis der Teig klebrig ist. Dann gibst du den klebrigen Teigkloß in eine Schüssel und dichtest sie sorgfältig mit Frischhaltefolie ab. Den Teig lässt du nun mindestens zwölf Stunden, besser 18 Stunden in einem warmen Raum (21 bis 22 Grad) ruhen. Die Zeit ist die Magie, auch deshalb wird das Brot so gut.

Der Teig ist bereit für die Weiterverarbeitung, wenn die Oberfläche mit Luftblasen übersät ist. Dann die Arbeitsfläche leicht mit Mehl bestäuben, die Teigkugel darauflegen und wiederum mit etwas Mehl bestäuben. Jetzt entscheidet sich die Form des Brots: Wenn du den Teig einmal auf sich selbst faltest, bekommst du ein flaches Brot, ähnlich einem Ciabatta. Wir wollen aber einen klassischen Laib, also falten wir den Teig noch ein zweites Mal, so dass sich eine Art Kugel ergibt. Dann die Kugel auf der Arbeitsfläche locker mit Plastikfolie abdecken und nochmal eine Viertelstunde ruhen lassen.

Danach Teig und Finger mit etwas Mehl bestäuben, damit der Teig nirgends festklebt und ihn schnell zu einer Kugel formen. Ein Küchenhandtuch großzügig mit Mehl oder Maisgrieß bestreichen. Die Teigkugel mit der Naht nach unten auf das Handtuch legen und wiederum mit etwas Mehl oder Maisgrieß bestäuben. Mit einem zweiten Handtuch abdecken und noch einmal etwa zwei Stunden gehen lassen. Danach wird die Teigkugel etwa doppelt so groß sein. Wenn man mit dem Finger hineindrückt, wird der Teig auch deutlich mehr Widerstand leisten. Mindestens eine halbe Stunde bevor der Teig fertig ist, stellst du den Topf in den kalten Ofen. Dann erst heizt du den Ofen auf 230 Grad Ober- und Unterhitze vor.

Jetzt kommt der einzige wirklich unangenehme Teil des Rezepts, aber du hast es schon so weit geschafft, also bleib noch kurz bei mir. Wenn das Vorheizlämpchen am Ofen ausgeht, nimmst du sehr vorsichtig den heißen Topf aus dem Ofen und stellst ihn auf deine Arbeitsfläche. Dann ziehst du das obere Handtuch vom Teig, greifst unter das untere Handtuch und stürzt die Teigkugel mit der Naht nach oben in den Topf. Da wo die Naht ist, wird das Brot aufreißen und es wird wunderschön sein. Noch sieht es aber womöglich chaotisch aus, das ist egal. Falls der Teig sehr ungleichmäßig verteilt ist, kannst du etwas am Topf rütteln (mit Topfhandschuhen!). Das ruckelt sich aber beim Backen alles sehr schön zurecht, also keine Sorge.

Dann verschließe den Topf mit dem Deckel und stelle ihn zurück in den heißen Ofen. Jetzt lässt du 30 Minuten backen, ohne neugierig die Ofentür zu öffnen. Dann nimmst du den Deckel ab und bäckst nochmal 15 bis 30 Minuten. Jetzt darfst du durch die Scheibe gucken: Der Laib soll gleichmäßig braun sein. Schließlich holst du den Topf aus dem Ofen und hebst das Brot auf einen Rost, auf dem es abkühlen darf. Währenddessen wird es deinen minütlich anwachsenden Appetit mit fantastischen Knuspergeräuschen sanft verhöhnen.

Wenn es abgekühlt ist, mit gesalzener Butter bestreichen (oder einer veganen Alternative wie beispielsweise dem Naturli-Streichfett, das ich sehr gut finde für Süßspeisen). Man kann auch ein ungesalzenes Fett nehmen und mit grobem Salz bestreuen. Dann noch eine dünne Tafel Schokolade drauf und zubeißen. Wenn Herr In't Veld recht hat, kauft man vielleicht lieber eine aus kleiner Produktion. Vielleicht gibt es ja in deiner Gegend ambitionierte Schokoladenfirmen, die die Leute im Kakaobohnenanbau nicht über den Tisch ziehen und sich vielleicht sogar für einzelne Bohnensorten interessieren.

Wenn du über vierzig bist, bekommst du beim Biss in das Schokoladenbrot vielleicht nostalgische Anwandlungen. Das ist normal und kein Anlass zur Besorgnis. Wenn du jünger bist, umso besser: Du hast noch mehr von diesem einfachen, wunderbaren

Nachtisch. Oder Frühstück. Oder Snack. Das verbleibende Brot solltest du übrigens schnell aufessen, denn es wird leider sehr schnell hart. Wenn das nicht geht: in Scheiben schneiden und in Frischhaltebeuteln einfrieren.

Zu deinem selbstgemachten Schokoladenbrot kannst du übrigens eine heiße Schokolade trinken. Oder etwas Orangenlikör. Oder beides.

Verzeichnis der Rezepte

Verstehe die Zusammenhänge

Viele Menschen beschäftigt ein Problem: Wir sind besser informiert als je zuvor, aber wir verstehen immer weniger. Wir sehen den Wald vor lauter Bäumen nicht mehr. Krautreporter ist ein unabhängiges, werbefreies Magazin in Berlin. Unsere Mission: Wir helfen unsere Mitgliedern, die Zusammenhänge des aktuellen Geschehens in Politik und Gesellschaft besser zu verstehen. Wir erzählen die Geschichten hinter den Nachrichten – mit Ruhe, Sorgfalt und Zeit für gründliche Recherche.

Im vielfach ausgezeichneten Krautreporter-Team arbeiten Reporter, Designer, Rechercheure, Software-Entwickler und Fotografen zusammen, um unsere Vision von einem anderen Journalismus zu verwirklichen, und helfen unseren Mitgliedern, die Zusammenhänge zu verstehen.

Dabei schätzen wir das Wissen unserer Mitglieder und arbeiten auf Augenhöhe mit ihnen zusammen.

Tausende Mitglieder ermöglichen Krautreporter. Werde auch du jetzt Mitglied auf krautreporter.de.

Was Krautreporter anders macht

Wir sind unabhängig. Wir gehören keinem Medienkonzern. Krautreporter ist ausschließlich von seinen Mitgliedern finanziert und getragen von der Genossenschaft.

Zeit für Qualität. Wir nehmen uns ausreichend Zeit und unsere Beiträge sind ausreichend lang, um ein Thema wirklich zu durchdringen. Unsere Reporter:innen arbeiten mit der Ruhe und der Sorgfalt, die für Journalismus nötig sind.

Dein Expertise-Netzwerk. Krautreporter-Mitglieder sind Teil der Redaktion. Wir nutzen das Wissen und die Expertise unserer Community und arbeiten mit ihr zusammen.

Das bekommst du bei Krautreporter:

- Jeden Tag ein Hintergrundstück aus Politik und Gesellschaft.
- Schalte Krautreporter-Artikel für deine Freunde frei.
- Entspanntes Lesen auf einer vollständig werbefreien Plattform.

Weitere Informationen findest du auf krautreporter.de

Gabriel Yoran

Klassik verstehen

Taschenbuch, 118 Seiten, 16 Euro
ISBN-13: 978-3-9820958-4-4
Verlag: Krautreporter, 2. Aufl. 2021
E-Book ca. 2 MB, 11,99 Euro
ISBN-13: 978-3-9820958-5-1

Gabriel Yoran
Klassik verstehen

nach 3.000 verkauften Exemplaren
in 2. Auflage

Pressestimmen

»Gabriel Yoran hat ein Buch geschrieben, das auf Bestsellerlisten gehört. Ein Buch, konkret, undidaktisch und derart angefüllt mit musikalischen Entdeckungen, dass es sowohl Klassiknerds als auch -newbies anspricht.«
(Kristin Amme, BR Klassik)

»Wie jeder gute Elementarunterricht lässt Yorans einschmeichelnde Pädagogik auch den Kenner viel Neues entdecken oder Bekanntes neu erleben.«
(Gustav Seibt, Süddeutsche Zeitung)